我向今日所有求道者由衷推薦這本見解深邃、啟發神思的作品。

——達賴喇嘛

這是我最喜歡的書之一。

——美國脫口秀女王 歐普拉

它可以轉化你的思維……會帶來什麼結果？讓你有更多喜悅，而且就在當下獲得！

——《歐普拉雜誌》（O: *The Oprah Magazine*）

近年來最值得推薦的好書之一，書中字句真實，且深具力量。

——《福至心靈》作者 狄巴克・喬布拉（Deepak Chopra）博士

這看來是世界現階段許多人應該一讀的書。它條清理晰，字字珠璣，毫無疑問是一本不同凡響之作
大有可能可以讓許多人的生活煥然一新。

——奧克利（Tom Oakley），溫哥華「班仁出版社」（Banyen Books

《當下的力量》是一個客人推薦我讀的，我讀了一頁便知道它字字都是真理。它是一件瑰寶，說理
晰和充滿睿見。在「東西方書店」這裡，它靠著讀者的口耳相傳而成為暢銷書。

——斯尼特金（Norman Snitkin），西雅圖「東西方書店」（East West Bookshop）經

托勒在兩個方面非常成功：一是把佛陀和耶穌等靈性導師的教誨整合在一起，為想得到靈性開悟的
提供了近切的指引；一是有力的陳說出人類之所以受心智支配和無法活在當下，是這世界各種苦難
幸的根本原因……他讓開悟不再遙不可及，也證明了開悟不只對個人的內在和平與這個地球的健康
不可或缺。

——《前言》雜誌（*ForeWo*

我毫不猶豫推薦艾克哈特．托勒這本奇書，每個在我們書店拿起這書翻看的顧客都會把它買回家。《當下的力量》是靠著自己的優點和讀者的口碑而大賣的。

——高特里（Stephen Gawtry），倫敦「沃特金斯出版有限公司」（Watkins Books Ltd.）經理

清新、有啟迪性、合時、能帶給讀者新的感動。我的書桌堆滿靈性書籍，但這一本鶴立雞群……如果你考慮重新找回自己與靈魂的連結，這書是最棒的同伴。

——溫哥華《共同基礎》雜誌（*Common Ground*）

以讓人動容的清晰，托勒這部指南承諾著把我們帶向自己內在的高處和美地。這書迴響和反映著真正轉化所發出的能量。

——《改變的精神》雜誌（*Spirit of Change*）

暢銷書書架通常都是由內容單薄的書籍佔據，但托勒這一本卻能躋身其間，而且歷久不衰。引人好奇的是，這種現代奇事將可以維持多久。

——《何謂開悟？》雜誌（*What is Enlightenment?*）

一部靈性覺悟的指南，其作者是新崛起的精神導師，是我們這一代最清晰、最具啟迪性的導師之一。

——芝加哥「過渡書店」（Transitions Bookplace）

過去十年來論靈性生活的最重要著作。

——加州「雷鳥書店」（Thunderbird Bookshop）

The Power of Now

A Guide To Spiritual Enlightenme

當下的力量

找回每時每刻的自己

艾克哈特・托勒 Echart Tolle◎著　梁永安◎譯
張德芬◎推薦導讀

目錄

是此時此地的你，

讓宇宙的神聖目的得以展開。

看看你有多重要！

— 艾克哈特・托勒 —

導讀

不能用大腦來讀的一本書

張德芬

這是一本不能用大腦讀的書，這也是一本百讀不厭的書。每一次讀它，我都有新的收穫。這本書被形容為「靈性開悟的指引」，可是對我而言，《當下的力量》是教導我們一種新的生活方式，告訴我們如何可以把日常生活中我們受的苦減到最低。每個覺得自己應該可以活得更好，過得更開心的人，都應該要讀《當下的力量》。讀了作者第二本書《一個新世界》的讀者，如果覺得還不過癮，當然需要追本溯源找到這本讓作者一炮而紅的原始著作。

首先，作者指出，我們人類受苦的根源是來自於我們的心智，也就是大腦的思維（見第一章）。思維其實也不是問題，問題出在我們無法控制我們的思維，反倒成為思維的奴隸，成為自己「強迫性思維」的受害者。作者在演講中曾經舉過一個很具體的例子：現在是半夜三點，你在溫暖的被窩中，可是你氣得睡不著。引發你的怒氣的人早已安然入夢，那件事情其實也已經過去了，但是你的思想卻不放過你，一再地用它舊有的看事情的模式來解釋那個人多對不起你，那件事會讓你多危險、多丟臉、多麻煩、多……想不完的！這就是病態的思維，停止不住的大腦思維，也是讓我們受苦的主要原因。

大腦的思維不但在日常生活中，製造了我們的痛苦，我們人類最基本的存在性焦慮和永遠在外在世界無法尋得滿足的肇因，也都來自於大腦的思維（第三章）。此外，作者在書中一再強調：我們遠離了真實的自我，是我們受苦的元凶。他稱真實的自我為本體（Being）。在《遇見未知的自己》這本書中，我稱之為「真我」，而這也是我們人類有孤離感，惶惶不可終日，始終不快樂、不滿足的主要原因。為什麼會失落真實的自我呢？作者的意見是：我們的大腦，創造了一個虛假的自我——小我（ego），讓自己有「真實感」。而正因為小我是如此的不真實，所以它不停在外在的世界尋求認同，追求物質世界的滿足來壯大聲勢。可惜我們愈聽從我們的小我，我們愈感到空虛和孤離。揮之不去的厭離感也油然而生，因為我們遠離、失落了真實的自我，也就是遠離了作者所說的：本體。

作者還提到了一個我們受苦的肇因：痛苦之身（pain body）（見第二章）。痛苦之身是我們內在的一個能量場，它是我們過去未被合理的表達和適當的釋放，因而累積下來的負面情緒能量場。作者描述的痛苦之身，好像一個寄居在我們身體之中的惡魔，在它沈睡的時候，一切相安無事。可是，一旦外在的事情不順利，或是有相關的人事物激活了它的時候，它就會甦醒。我們可以看到一個文質彬彬的人，會突然變了一個人，出現言語或肢體的暴力行為。或是有時候自己都不知道，為什麼一件小事情會引起情緒上的軒然大波。這就是痛苦之身被喚醒的結果。

好了，我們有一個不能正常運作的大腦思維，常常給我們找麻煩。現在又來了一個痛苦之身，不時跳出來攪局。難怪我們的人生苦多於樂，而且常常身不由己。怎麼辦呢？作者在書中提出了好幾個非常實用的方法，這些方法其實都是源自同一個最基本的理論：活在當下。當下有你所有想要的東西，當下也是你唯一擁有的東西。時間只是一種幻相，愈說愈玄了！其實，只要這樣想，就不難明白了。過去已經過去，不會再回來，但是我們多少人還是活在過去之中不肯放下？未來還沒有來臨，你也根本不可能去掌握它。你所能擁有的，不就是當下這一刻嗎？只要搞定現在這一刻，你就沒有問題了。未來就算一定會來臨，但是它也一定是以「當下」的方式出現的，不是嗎？最怕的就是明明人在這裡，可是腦子跑到過去了，帶來了憤怒、傷心、悔恨、愧疚等情緒。或是人在此刻，腦子跑到未來，於是產生壓力、焦慮、恐慌。

活在當下，活在每一刻中，作者稱之為「臨在」（presence）（第五章）。臨在指的是有覺察地安住於當下。所謂覺察，就是觀察自己腦袋裡面思維的能力，做為自己喋喋不休的思緒流的觀察者。臨在的力量一來，你的喋喋不休就會停止。還有一個培養臨在、進入當下的方法，就是去觀注我們的內在身體（第六章），把注意力放在我們的內在身體的能量場上。這是什麼意思呢？比如說，你可以試著把眼睛閉上，然後去感覺一下你的右手。此刻你看不到它，那你怎麼知道它存在呢？你感覺得到它嗎？有沒有感覺到氣或是能量在你的指尖？書中有很詳盡的冥想方法，教你與你的內在身體做更多的連結，這樣就可以培養更多的覺察力。

作者一直強調「無意識」（unconsiousness）和「意識」（consiousness）的差別（第四章）。他認為，所有人類的瘋狂行為，都是出自於無意識，受到我們從小被制約的人生模式操控。比如說，你對一件事情的反應、看法、做法等，通常都有一定的軌跡可循，但是你不一定喜歡或贊同它們。所以某種程度來說，我們都是一個被灌好了程式的電腦。使用書中的一些教誨，練習作者提供的一些方法，便能夠增加我們有意識的部分，奪回一些自主權。

有一個「未顯化狀態」（unmanifested）也是作者著墨甚多的地方（第七章）。由於作者很喜歡《老子》一書，所以未顯化狀態可以比為「道」，就是在天地萬物成形之前就存在的混沌狀態，是萬物生命的源頭，但是它從未誕生，也未曾消失過，而且無所不在（聽起來很像本體）。在它之中，沒有二元對立的好壞、對錯、是非、黑白。它是一個「一」的境界。相較於「已顯化世界」（manifested），就是我們眼見的物質世界，未顯化狀態體現於「空」、「空間」以及「靜默」之中。看起來很神祕，但是，如果我們愈常接觸它，我們愈能感受生命的能量，也愈能在已顯化世界過得更好。書中詳述接觸未顯化狀態的一些方法，請讀者好好去體會、實踐。

本書第十章，談到了「臣服」這個概念，可能很多人剛開始無法接受。其實臣服就是老子所說的無為，蘊含著強大的行動力和正面向上的能量。我個人最喜歡第十章，因為裡面不但把臣服這個觀念講得淋漓盡致，更做了很多前面章節的總結和回顧。請讀者好好欣賞，細細的琢磨。

這本書，就像我先前說的，不能用大腦來讀。在讀的時候，最重要的是，從你的靈魂深處去感受那個似曾相識的感覺，去體會那個「看到真理就頓悟」的內在智慧，在字裡行間去感受那個震撼你心靈深處的能量。它在國外剛出版的時候，曾經長期蟬聯《紐約時報》心靈類暢銷排行榜第一名。我自己以它的主軸精神所撰寫的靈性小說《遇見未知的自己》在台灣的書市一直長銷，讀者反應十分熱烈，可見真理是可以被認出來的。

如果讀者朋友對於本書有任何的回饋或是疑問，歡迎上我的部落格（http://blog.sina.com.cn/tiffanychang）去坐坐，提提問題。我也很願意盡我所能的與大家分享心得、交流。

平裝版序

就在初版六年後的今天，《當下的力量》繼續在轉化人類意識的緊迫任務中扮演重要的角色。雖然本書有幸由我筆下孕育而生，如今卻已漸漸發展出它自己的生命和推動力量。它傳到了全球幾百萬名讀者手中，其中許多讀者來信分享，閱讀本書如何改變了他們的人生。由於信件愈來愈多，堆積如山，以致我很遺憾地不能再一一回覆。不過，我想利用出版平裝版的這個機會，向所有來函分享的讀者，致上最深的謝意。許多的分享都讓我深深動容，讓我毫不懷疑，一場規模空前的意識轉化，正在地球上如火如荼展開了。

一九九七年，溫哥華的南馬斯達出版社（Namaste Publishing Ltd.）推出三千本初版書籍時，無人料想到本書日後的盛況。初版的第一年，讀者透過口耳相傳，得知這樣一本書的存在。那時，我每星期都會寄幾本《當下的力量》給溫哥華的一些小書店，請它們代為銷售。做這件事帶給我強烈的滿足感，因為我知道，每一本書都有可能讓某個人的生命煥然一新。有些朋友更幫我將書本散播到更遠的地方（卡爾加里、西雅圖、加州、倫敦），交由一些靈性書店代銷。倫敦沃特金斯書店（全球一家最古老、專賣形而上書籍的書店）的高特里經理讀過本書之後，寫信告訴我：「我預見本書將會大放異彩。」他的預言正確無誤，因為才第二年，《當下的力量》就成了（如一位書評者形容的）「地下暢銷書」。之後，它獲得一些書刊雜誌的好評，銷量急遽增加，最後，經由美國著名脫口秀主持人歐普拉（她自己深受本書影響）的積極介紹，本書的知名度因此大開。初版第五年，《當下的力量》登上了《紐約時報》暢銷書排行榜第一名，如今更有三十多種外語譯本，甚至在印度也相當受到歡迎。而如眾所相信的，印度一直被當成是人類追求精神開悟的發源地。

我收到的信件或電子郵件不下數千封，多數是由一般民眾寫來，但其中也不乏佛教僧人、天主教修女、囚犯，以及面對疾病或死亡威脅的人。有些精神治療師推薦病人閱讀本書，有些則把我的方法整合到他們的治療方法當中。許多來信都表示，讀過《當下的力量》並依其指示而行，之後他們的痛苦煩惱大大減輕，甚至消失不見。其中最為讀者津津樂道的是，觀想內在身體（inner body），帶來的驚人裨益；擺脫對於過去和現在狀態的自我認同，產生的自由感；以及捨棄對當下「如是」（suchness）的心理抗拒，所建立的內在和平（inner peace）。很多人一再重讀本書，他們每次都能擁有新的體會，深覺本書的轉化力量與日俱增。

今日的世界舞台，人類的集體心智正處於極度失調狀態，這點從每日的電視新聞報導就可窺得。然而，人類集體心智愈失調，就有愈多人體悟到，若不想招致自身和地球的毀滅，改弦易轍就必須立即開始。改變的需求，加上已有幾百萬人準備好迎接一種新的意識狀態的形成，是締造《當下的力量》大肆風行的最佳時空背景。

當然，這並不表示，每個人都以肯定的態度對待本書。在許多人和多數媒體當中，舊有的意識模式仍然根深柢固。凡是完全受到思維主宰的人們（這些人會不由自主和喋喋不休地在腦子裡囈語），必然無法看出《當下的力量》的精義。有些熱情的讀者把本書寄給親朋戚友，卻驚訝和失望地發現，對方只覺得本書一無是處，讀了幾頁就讀不下去。另外，雖然全世界有幾百萬人受惠於本書，但《時代》（*Time*）雜誌竟形容《當下的力量》是「聽不懂的胡言亂語」。這並不奇怪，因為，本書就是要揭發「小我」的運作方式，而這必然會激怒「小我」，並且引發它典型的反應模式：抵抗、攻擊。

不過，雖然受到一些誤解及詆毀，本書在全世界引起的反應，近乎是一面倒的正面迴響。我深信，展望未來，一定還會再有幾百萬人受本書吸引，而《當下的力量》也將繼續對促進新意識的形成有著舉足輕重的貢獻，繼續帶領人類邁向更高的開悟境界。

艾克哈特．托勒

二〇〇四年四月十九日於溫哥華

前言

本書源起

我很少取用往事，也極少回溯過往。不過，這裡倒不妨扼要說說，我是如何成為一位靈性導師，以及本書又是如何誕生的。

在我三十歲之前，我一直生活在一種焦慮不安的狀態中，情緒低落，不時萌生尋死的念頭。如今談及過往，恍如隔世，就像前世或發生在他人身上的事情。

二十九歲生日過後不久，一個深夜，我自夢中驚醒，內心無限恐懼。我已多次有過這樣的感覺，卻沒有任何一次像那個晚上如此強烈。夜間的寂靜、黑暗房間裡模糊的家具輪廓、遠處傳來的火車隆隆聲響——這一切我都感覺如此陌生、充滿敵意又毫無意義，讓我對世界升起一種深深的憎惡感。然而，最讓我憎惡的卻是自己。當時我想，何苦要背負這種可憐人生繼續活下去？何苦繼續掙扎？我感受到自己極度渴望從世界消失，強烈的程度遠超過我的求生本能。

「我無法再跟自己活在一起了。」我的內心反覆浮現這樣的想法，突然間，我意識到這個想法似乎哪裡不大對勁。「我是一個人還是兩個人？」我心想：「如果我無法再跟自己活在一起，那不表示我是兩個人，一個是『我』，一個是我不再想與之活在一起的『自己』。」我繼而又想：「它們之中說不定只有一個是真的。」

這個奇特的領悟讓我極為錯愕，以致我的思維戛然而止。我的意識無比清晰，但就是沒有任何念頭生起。接著，我感覺自己被吸入一個能量漩渦當中。一開始漩渦轉動得很慢，但逐漸加快。我被強烈的恐懼攫住，身體開始發抖。我聽見一個像是發自胸膛的聲音說：「別抗拒。」我感覺自己被吸入虛空，但這虛空是在我身體裡面而非在外面。突然間，我不再恐懼，任由自己捲入那虛空之中。之後發生什麼事，我不復記得。

我是被窗外小鳥的啁啾聲叫醒的，那是一種彷彿從未聽過的聲音。當時我的雙眼還緊閉著，卻看見了一顆珍貴鑽石的影像。對，我心想，如果鑽石能發出聲音，那一定就是我聽到的那種聲音。我張開眼睛，第一道晨曦穿過了窗簾照射進來。我沒有思考，但就是知道，光所涵蓋的層面遠比我們所知的龐大許多許多。那道透過窗簾照射進來的柔和光線，就是「愛」的本身。我淚水盈滿眼眶，站起身來，在房間裡來回踱步。這是我熟悉的房間，但此時我卻知道，我從未真正看見過它。每樣東西都如此清新質樸，像是來自太古初開。我撿起一枝鉛筆、一個空瓶和一些其他東西，對於它們的美麗與鮮明讚嘆不已。

那一天接下來，我出門到街上四處走動，對於眼前所見的每件事物都嘖嘖稱奇，彷彿我才剛誕生於人世，一切都如此新鮮奇妙。

接下來的五個月裡，我生活在一種持續的靜謐喜悅狀態中。之後，這狀態的強烈程度稍稍減緩，又或許並非減緩了，只是我對它太熟悉，習以為常罷了。我依舊過著日子，做些一般人會做的事情，但我卻已明白，不管再做什麼，都不會為我已擁有的豐盛增添什麼了。

當然，我知道自己歷經了深刻的轉化，卻一點也不明白其中的道理。多年之後，當我閱讀過一些靈性典籍並接觸了一些靈性導師，我才弄懂，很多人亟欲追尋的東西，已然發生在我身上。我明白，那晚的強烈痛苦迫使我的意識從心智所虛構的自我之中抽離開來，我不再認同那個不快樂和充滿恐懼的自我。這次的抽離是如此的徹底，以致那個虛假的自我，馬上像洩了氣的氣球，完全癱軟，剩下的只有如如本相（true nature），也就是永恆的**我本是**（I am），是意識未認同於任何形相（form）之前的清明狀態。稍後，我又學會了以完全清醒的意識狀態，進入無時間和無生死的境界，也就是我原先感受過的那個「虛空」，沐浴在無法形容的至福聖境中。接下來那段日子，我與世隔絕。不與任何人往來，沒有工作，沒有家，沒有任何社會界定的身分。近兩年的時間，我鎮日坐在公園長凳上，任由最強烈的喜悅充盈全身。

不過，即使最美妙的體驗也是這樣來了又走。始終不變的只有：自在平安。它像一道地下潛流，未曾離我而去。有時非常強烈，幾乎具體可觸，甚至連旁人都可感覺。有時，它隱入背景的一隅，像是一段悠遠的旋律。

稍後，不時有人前來拜訪，問我：「我亟求你所擁有的。你可以把它給我，或者教我如何獲得嗎？」我回答：「這東西你本已有之。你感覺不到，是因為心智製造了太多噪音。」後來我將這個答案擴大衍生，寫成了你手上的這一本書。

就這樣，在我自己尚未意識到之前，我再次擁有一個外在的身分。我成為了一位靈性導師。

真理皆備於你

過去十年，我都在美國和歐洲工作，幫助一些個人或小組尋求靈性開悟。本書濃縮了我這些年的工作精華，至少濃縮了它可以用語言文字表達的部分。對於曾經參與的個人或小組，我心存愛與感激。他們都是不凡之人，擁有改變自己的勇氣，勇於發問且樂於傾聽。沒有他們，大概就不會有本書的誕生。他們是人類中少數的一群人，卻也是幸運的一群人。他們已經達到可以擺脫人類集體思維模式的境界，而就是這種集體思維模式，讓人類不知被痛苦束縛了好幾千年。

我深信，對於那些準備好接受徹底內在轉化的人，本書助益良多，這會是讓他們煥然一新的催化劑。然而，對於那些尚未準備好的人們，他們同樣可以從中受惠。雖然這些人並不會立即劍及履及書中教導的方式，但也許假以時日，那顆因閱讀本書而在其心田埋下的種子，將與人人本具的開悟種子合而為一，在一剎那間於他們的內在萌芽、成長。

本書主要以問答的形式呈現，這是我貫用的施教方式，不論是研討會、靜坐課程或私人諮商，都是別人發問，我回答。在這些場合，我從提問人身上學到的，並不比他們從我身上獲得的少。有些問答的內容，我幾乎一字不漏地寫入本書，有些則經過整理，把相近的問題加以歸納，再行回答。寫作過程中，某些問題若浮現了更深刻的答案，我也會加以補充說明。此外，有些問題則是由編輯提出，好讓我可以將某些觀點詮釋得更為清楚。

各位將發現，從正文第一頁到最後一頁，所有的問答都是反覆往返於兩個層次之間。

其中一個層次，我將引領你看清你內在**虛假**（false）的部分。我將談及人類無意識狀態和意識失調的本質，談及這種失調在行為上最常呈現的形式（伴侶關係的衝突到部落或國家間的戰爭）。關於這些的認識相當的重要，因為除非你學會認清假之為假（就是看出什麼並非真正屬於你），否則將無法產生持續不斷的轉化，而你也會因此重新落回假象之中，受各種形式痛苦的折磨。在這個層次之中，我會教導各位如何停止以假亂真，不再把「小我」視為自我，不再把它的煩惱當成是你的煩惱。

另一個層次，我將談及人類意識的深刻轉化。那並非一個遙不可及的夢想，而是當下可以臻至的，無論你是誰，或身處何處。我將教導各位如何從心智的梏牢中解脫出來，進入開悟的意識狀態，並在日常生活中保持這種狀態於不墜。

關於這個層次，我所表達的字句不一定只是一些知識訊息，更多時候我是為了引領各位在閱讀本書時可以進入全新的意識狀態所設計的。一次又一次地，我試著引領各位一起進入一種強烈臨在（present）的無時間狀態，淺嚐開悟的滋味。若不能進及於此，各位可能會覺得本書有些段落重複囉唆；反之，若能有所體會，各位自會明白，這些字句所具備的強大轉化力量，即是本書可以讓人受益良多的部分。此外，由於人人本具開悟的種子，所以，我談話的對象主要是針對各位內在的那位「知者」（knower），而不是「思考者」（thinker）——他是各位深沈的自我，能夠很快認出靈性真理，與之共鳴，並從中獲得力量。

本書在某些段落結束時，有時會出現「@」符號，它是提醒各位不妨暫歇一下，定靜心情，細細品味之前段落述說的道理。有些段落即使沒有尾隨「@」符號，各位說不定也會自然而然暫停下來，凝神沈思。

開始閱讀本書的時候，各位對於有些名詞——如「本體」或「臨在」——也許感覺陌生，不太明瞭所指為何，請不要在意，儘管繼續讀下去。閱讀過程中，也許也會不時產生疑問或意欲反駁，針對這些疑問或反駁，本書稍後或許有所回應，或是等到各位更契合了解我所揭示的道理，換言之是更契合自我本身，它們或許自會變得無足輕重了。

不要只用心智（mind）閱讀本書，請隨時留意自己在閱讀過程中是否有所感覺，是否在內心深處有所共鳴。本書中，我所告知的靈性真理，無一不是各位內心深處早已知曉的。我所做的每件事，無一不是提醒各位早已遺忘的事情。我只是想讓那些亙古常新的知識，從各位身體的每個細胞中被激發、釋放出來。

心智總喜歡不停地分類和比較事物，不過如果各位想從本書獲得更多，那最好捨棄慣用的方式來理解本書的概念，否則可能有所混淆。譬如，書中雖然也出現「心智」、「快樂」、「意識」之類的字眼，但它們的意涵未必與其他書籍相同。別執著於字面上的意義，它們只是過河的踏腳石，一旦過河了，就該拋諸腦後。

我偶爾也會引用耶穌或佛陀的話語，或是引用《奇蹟課程》（*A Course in Miracles*）之類的靈性教材。這樣做不是為了比較異同，純粹只是想要展示一個事實：只有一種靈性教導的存在，它可以許多不同的形式展現，但**本質上**皆為相同。有些靈性教導的形式，如各種古老宗教，隨著時間的推移，背負了過多外在的事物，幾乎完全掩蓋了原有的靈性本質。很大程度上，它們的深義已無人知曉，它們的轉化力量已蕩然無存。所以，我之所以引用古老宗教導師的言語，主要是想重新揭露它們的深層意涵，恢復它們的轉化力量。這點，我是特別針對這些宗教的信徒而做的。我要告訴他們，真理不需往他處尋索，只要更深入你本已擁有的便可得著。

不過，為了讓更廣大的讀者可以接受本書，我還是盡可能運用一般文字語言來解釋道理。本書是以當代的語言，為當代讀者而寫的，它要述說的是一個超越時空的靈性真理。這真理是所有宗教的精粹，它的立論根本不在外界，而在內在那唯一真正的「源頭」（Source）裡面，所以本書既不述說理論，也不進行思辨。這些道理是建基於內在的體驗，如果我有時語氣顯得嚴厲，那只是為了斬斷各位盤根錯節的心理抗拒，直達你們蘊含真知的深處。在那裡只要聽聞真理，馬上就可認出它來。之後，你們將感到振奮、充滿活力，彷彿聽見內在有誰說著：「對，我知道他句句屬實。」

第一章

你不等於你的心智

開悟最大的障礙

請問何謂開悟？

一位乞丐坐在路邊行乞三十多年。有一天，某個路人經過。「施捨點錢吧！」乞丐喃喃求道，機械地伸出手中的老舊網球帽子。「我沒什麼可以給你的。」路人說，接著問：「你坐著的那個是什麼東西？」「沒什麼特別的，」乞丐回答：「只是個老舊箱子。我坐著它都不知多少年了。」「你打開看過嗎？」路人問。「沒有，」乞丐回答：「何必多此一舉？裡面什麼也沒有。」「打開看看嘛。」路人堅持。乞丐不情願地打開箱蓋，結果又驚又喜，難以置信：箱子裡面堆滿了黃金。

我就是那個沒什麼可以給你，卻要求你往「裡面」看看的路人。我要你看的不是箱子裡面，而是你自己的裡面。

「但我又不是乞丐！」我聽到你內心如此抗議。

不論擁有多少物質財富，凡是不知道自己擁有「寶藏」的人都是乞丐。這「寶藏」就是本體的喜悅（the joy of Being）和不可動搖的內在和平（inner peace）。世人總是向外求索，追求成就、安全感或愛，希冀因此快樂、滿足。他們不知道，自己內在擁有的「寶藏」，非但早已蘊含這些，還含括了更為珍貴無比的事物。

開悟（enlightenment），總讓人聯想為一種極致艱難的成就——小我（ego）總喜歡唆使人們這樣看待開悟，然而，真正的開悟只是一種自然而至的狀態，一種讓人**感受到**與本體合而為一（oneness）的狀態。本體是如此廣闊無垠、堅而不摧，吊詭的是，它既是你自己，又比你自己更為廣大。回歸到本體，就是回歸你未有名字和形相之前的如如本相。如果感覺不到與本體的緊密連結，就會產生錯覺，以為人我是分離的，以為人與世界是分離的。如此一來，你將自覺或不自覺地視自己為孤立的碎片，滿心恐懼，不斷感受到內在與外在之間的衝突。

我很喜歡佛陀將開悟簡單定義為：受苦的終結（the end of suffering）。也就是說，開悟並非超人才能達到的成就，不是嗎？當然了，嚴格說來，這個定義是不完整的。它只提示世人開悟並非什麼（即不再受苦），卻沒說明沒有了痛苦那剩下什麼。佛陀對這個問題緘默不語，希望世人自己尋得解答。祂運用這樣一個否定形式的定義，是為了不讓世人誤信開悟為某種實有，或一種超人境界，一種我等凡夫俗子無法臻至的目標。雖然如此，但多數佛教徒並未能體會出佛陀的用心，他們繼續深信開悟是佛陀的專利，不是他們（至少在此生）可以達到的。

你提到「本體」這個字，可否解釋一下它的含意？

本體（Being）就是那永恆的、永遠臨在的「至一生命」（One Life），它超越所有的生命形相，不受生老病死所困。不過，本體不只超越所有形相，而且還深植於所有形相的深處，是它們無形無狀而又不可摧毀的本質。也就是說，它是你的如如本相，是你最深處的自我，是你可在此時此刻感受到的。但別企圖用心智掌握它、理解它。只有當心智靜止下來，你才會有機會認識它。當你處於臨在（present），當你全面且強烈專注、定靜於當下（Now），即可感受到本體的存在。重拾與本體的連結，並安住於此狀態之中，這便是開悟。

你說的「本體」就是上帝嗎？如果是這樣，你何不直接稱它為上帝呢？

「上帝」一詞被濫用幾千年之後，已空洞無意義了。我有時也會運用這個字詞，但是很少。人們說到「上帝」時總是信心滿滿，深信自己知道所指為何，其實他們甚至從未窺見其背後意指的那片神聖、浩瀚無垠的境界。即使否定上帝的人們也是如此，他們提出種種否定上帝存在的理由，卻不明白自己否定的是什麼。也因為上帝如此被濫用，造就了荒誕的信仰、主張以及自大心態，例如，人們會說：「**我**或**我們**的上帝才是唯一的真神，**你們**的上帝是假上帝。」或如尼采的名言：「上帝已死。」

「上帝」一詞已成了一個封閉的觀念。從前，人們一說到「上帝」，腦海裡最常浮現的是一個有著白鬍子的老公公影像。現在也許有所改變，但浮現的影像還是外在之物，而且幾乎一律是**男性**的。

不管是**上帝**或**本體**，或其他字詞，都不能界定其背後那個無法言傳的實相（reality）。所以，唯一重要的是，這樣的字詞對人們認識實相是助力還是阻力？它可否超脫自身的意義，指引人們認識實相呢？還是輕易就會誤導人們，讓人們視之為一個概念或偶像呢？

無論**本體**或**上帝**都無法說明什麼。不過，「**本體**」一詞仍更為合適，因為它是一個開放的概念，不會將那無以名狀的無垠事物局限為有限事物。聽聞此字詞，人們不會因而產生任何心智影像，也不會有人聲稱可以獨擁「本體」。它是我們的本質，是我們可以透過活在當下立刻感受到的。**我本是**（I am）先於我是誰（**I am this or I am that**）。也因此，從「本體」一詞到感受到本體的存在，就只有一步之遙。

體驗這種實相的最大障礙是什麼？

是認同於你的心智。心智會讓人不斷強迫自己，讓人身不由己不斷思考。無法停止思考是種非常可怕的疾病，不過，幾乎所有人都深受其害，也因此大家誤以為那才叫正常。喋喋不休的心智噪音，讓人無法尋得內在的寂靜淨土，而這寂靜和「本體」是分不開的。心智噪音甚至還製造了虛假的自我，讓人們的生活籠罩在恐懼與痛苦之中。關於這點，我稍後會進一步說明。

哲學家笛卡爾（Descartes）寫下他的名言「我思故我在」時，他深信自己已經尋得最根本的真理。事實上，這並非真理，而是世人最根本的謬誤：把思考（thinking）等同於「本體」，以及把自我等同於思考。凡是強迫性思考者（幾乎是所有的人們）皆生活於一種人我分離的狀態。他們的世界相當複雜難解，滿是煩惱、衝突，而這樣的複雜性所反映的，正是心智不斷分化、自尋煩惱的特性。反觀開悟則是一種圓滿的境界，一種合而為一，不存在對立，只有內在和平的境界。開悟不僅是受苦的終結，或是各種內外衝突的終結，還是奴役狀態的終結，讓人可以擺脫無止盡思考的可怕奴役。那是何等不可思議的解脫！

認同於心智的人們，滿腦子充斥著概念、標籤、意象、文字、判斷和定義，這些東西就像一道不透明簾幕，橫在你與自我之間、你與他人之間、你與自然之間、你與上帝之間。那是一道思維的簾幕，製造分離的錯覺，讓你以為自己**與**他人完全隔絕。如此一來，你將忘卻一個根本的事實：你雖有獨立的形相與外觀，但在這外觀的背後，你與天地萬物原**是**合而為一的，也就是，你不再**感受到**與天地合而為一是不言自明的實相。你也許**相信**那是真的，卻無法真正**知道**這是真的。光相信也許會讓你感到安慰，但唯有透過自己的體驗，它才能真的具備解脫的力量。

思考已經是人們的一個通病。疾病一般起於失衡，例如，細胞分裂原本並非壞事，但如果罔顧主人整體健康，不知節制地分裂下去，就會引起疾病。

如果運用得法，心智將是一件無比有用的工具。反之，也將非常具有破壞性。更精確地說，問題不在於運用心智得不得法，而在你根本沒運用它，而是它反過來操控了**你**。這就是病，你以為心智**就是**你。這是一種錯覺，一旦落入這個圈套，你將反過來受制於這個工具。

我不贊同這樣的說法。沒錯，我就像多數人那樣，常會想些有的沒的，但我仍然可以運用心智解決問題或成就事情。

解出填字謎語或製造原子彈，並非表示你運用了心智。就像狗喜歡啃骨頭，心智也喜歡啃難題。這也是為什麼它會樂於為填字謎語或製造原子彈絞盡腦汁。**你**也許對這兩者都不感興趣，那讓我這樣問你吧，你可以在不想思考的時候停止思考嗎？你有一個可以關掉思考的按鈕嗎？

你是說完全停止思考？不，我辦不到，我頂多能停止思考一下下。

那就表示心智操控了你，你已經不自覺認同它了，以致甚至不知道自己已成為囚奴。

這就像是被附身卻不自知，還將附身之物當成自己。若想重獲自由，首先你需要明白，你非附於你身之物——你不等同於「思考者」。明白這件事可以讓你觀察到自我這個實體（entity）。就在你開始**觀察這個「思考者」**的那一刻，一種更高層次的意識就會被啟動。此時你將明白，有種超越思維之上的「智性」（intelligence）存在，它是如此浩瀚廣闊，反觀思維就只佔其小小的一個部分。你將發現，對你來說真正重要的東西——美、愛、創造、喜悅、平靜——皆是由這個比思維更高的層次應運而生的。你開始覺醒了。

從心智束縛中得到自我解脫

觀察這個「思考者」的準確意涵為何？

如果有誰對醫生說：「我聽到腦中有個聲音在說話。」八成會被送去精神病院。然而事實是，幾乎每個人都以相似的方式，在自己腦中聽見聲音，有時甚至同一時間多種聲音交錯響起。人們不知道自己擁有力量，可以停止這種不自覺的思維過程，而總是永無休止地持續著這樣的內在獨白或對話。

街道上，如果看到有人不停大聲喃喃自語，就會說他是「瘋子」。不過，這些「瘋子」和所謂的「正常人」其實只有一線之隔：後者的喃喃自語沒有發出聲來。人們的腦海中總是不停冒出批評、抱怨、論斷、比較、褒貶的聲音，這就是心智的喃喃自語。聲音不一定與人們當時身處的情境有關，或許只是在回憶往事或想像未來。（我們常會因為杞人憂天，而對未來有所想像，這就叫「擔心」。有時，擔心不僅只有「聲音」，還會伴隨「畫面」產生。）

不過，即使腦中的聲音與四周的情境有關，它還是會受到過去經歷干擾。這是因為，那些聲音是由心智產生的，而心智則受制於過去及集體文化思維模式，人們透過過去來看待及判斷現在，也因此出現了全然扭曲的視野。所以如果說，那聲音乃是人類自己最大的敵人也不為過。許多人任由這樣的聲音存在於大腦中，默默承受它持續不斷的折磨，任由它將自己的生命能量抽乾，數不清的淚水和疾病都是導源於此。

好消息是，你是可以從心智束縛中解脫的，這是唯一的真正解脫。首先你現在可以做的是，盡可能多花時間傾聽腦中發出的聲音，留意任何重複冒出的思維模式，那些像老唱片在你腦海重複播放的片段。我所謂「觀察這個思考者」其精義就在這裡，也就是說：傾聽腦中的聲音，當一個**在場的**見證人。

傾聽腦中聲音的時候，記得保持中立。不要讚揚或譴責任何聽到的聲音，因為一旦如此，將意味著你只是從前門把它請走，卻讓它從後門偷溜回來。若能保持中立，你將很快明白：聲音在**那裡**，而**我本是**（I am）則在此，傾聽它、觀察它。**我本是**的體現，並非一種想法，而是感知到自我的臨在。這樣的領悟是從比思維更高的層次產生的。

所以，當你傾聽思維的時候，不只會意識到該思維，還會意識到你自己，意識到自己是該思維的觀察者。此時，一個新向度意識產生了。當你傾聽思維時，你會感到該思維的背後有一種意識的存在，那就是你最深沈的自我。與此同時，思維喪失了箝制你的力量，並很快消散，這是因為，失去了你的認同，它不再獲得能量的灌注，而此刻便是不自覺的強迫性思維終結的開始。

當思維消散，在思緒流（mental stream）中你將體驗到一些不連續、可稱為「無念」（no-mind）的空隙。起初，這些空隙轉瞬即逝，每次大約只維持幾秒鐘，但漸漸地為時愈長。只要這些空隙出現，你的內心將會感到些許寂靜、祥和。這是你與本體合而為一的開端，是你回到如如本相的開端，而這個狀態經常會受到思維的干擾，不過，只要持之以恆，寂靜、祥和的感受會愈來愈深。事實上，這種深度是無止境的，而你將會感受到一種細微的喜悅，從你內在深處升起，那即是本體的喜悅（the joy of Being）。

那不是一種恍惚狂喜的狀態。一點都不是。你的意識不會因此模糊，相反地會更為清明。如果你發現追尋內在和平，需要付出減少意識清明為代價；如果你發現追尋內在寂靜，需要付出減損意識和活力為代價，那麼這種狀態並不值得你去追尋。一旦處於與內在連結的狀態，你的意識將會更為覺醒、更加清明，你會全然臨在。在此狀態下，還能增強生命能量場的振動頻率，讓你的身體更有活力。

進入無念境界愈深，以東方的說法來看，你將會體認到純意識（pure consciousness）的狀態。在此狀態下，你如此強烈並喜悅地感受到自己的臨在。與之相比，所有的思維、情緒、你的身體、整個世界都變得微不足道。然而，這不是一種自私的狀態，而是一種無我的狀態。它帶領你遠離了先前被你誤認為「你」的那個「我」。臨在本質上就是你，但同時它又不可思議地大於你。對於我這樣的闡述，也許聽起來吊詭甚至自相矛盾，但是我再也找不到其他方式足以表達了。

若想在思緒流中創造空隙，除了「觀察這個思考者」之外，還有個方法：專注於當下，也就是全神貫注於此時此刻。這個方法將會帶給你一種深沈的滿足感。運用它，你可以把意識從思維活動中抽離出來，創造出一個無念的空隙。在這個空隙裡，思緒不復存在，你將進入一種高度覺知的狀態。這就是冥想的精義所在。

日常生活中，你可以藉由任何活動來練習這樣的方法，並投注你全部的專注力。例如，每次上下樓梯時，你專注於踏出的每一步、每個動作，甚至每個呼吸。洗手時也是如此，專注於手部的每個感覺、水的聲音和觸感，以及肥皂的氣味。如果要開車，則應該坐定後先安靜幾秒鐘，專注於呼吸。那麼原本只是為了達成某個目的而從事的日常活動，將轉變成了目的本身。而在此過程中，有個衡量自己是否真正全神貫注的標準：你的內在感到平靜祥和的程度。

所以，邁向開悟之旅最重要的一步便是：學習擺脫對心智的認同。每當你在思緒流中成功創造出一次空隙，你的意識發散出的光芒便更為耀眼。

某天，也許你將發現自己竟對腦中發出的聲音一笑置之，視之為孩子般的胡言亂語。這意味著，你不再對心智的一切如此在意了，因為你的自我意識已擺脫了對它的依賴。

開悟：超越思維之上

想在世上生存，思維不是不可或缺的嗎？

思維是一種工具，是讓你用來處理工作的工具，當工作結束，就應該放下這個工具。大多數人的思維約有八、九成都是反覆和了無用處的，不只這樣，基於這些思維運作失調及其消極的本質，更常因此具有傷害性。觀察自己的思維，你將知道我所言不假，思維導致了生命能量的嚴重損耗。

強迫性思考猶如上癮症，上癮症的特徵是什麼？就是你沒有選擇權，無法對它喊停，你覺得它比你強。它會帶給你歡愉的假象，為什麼說是假象？因為這些歡愉終將變成痛苦。

我們為什麼會對思維上癮？

因為你認同於思維，也就是說，你從思考的活動和內容之中，感受到自我的存在。也因為你相信，只要停止了思考，自我就不復存在。成長過程中，在個人及文化的外在環境塑造下，你逐漸勾勒出自我的形象。這個幻影般的自我形象可稱之為「小我」（ego）。它由心智活動組成，且需要不停進行思考才能存在。關於小我，每個人的認知不盡相同，對我而言，它所指的是虛假自我（false self），是人們不自覺認同於心智而產生的。

對小我而言，當下很難存在，它在乎的只有過去與未來。它徹底顛倒了是非，這足以反映出，在小我的支配下，心智將如何嚴重失調。小我卯足全勁讓過去保持活力，因為沒有了過去，你又是誰？小我也不斷將目光投向未來，以確保可以繼續存在，並企圖在未來尋得某種釋放或成就。它會說：「等到哪天，等這樣或那樣的事情發生，我就會活得更好，既快樂，又平靜。」有時，小我看似關注當下，但它所見的並非真正的當下，它總是戴著過去這副有色眼鏡觀看當下，進而扭曲了當下。或者，它只是把當下視為一種工具，一個供它完成想像的未來目標的跳板。觀察你的心智，你將知道小我是如何運作的。

其實，當下乃是一把通往解脫的鑰匙。不過，如果你繼續認同於思維，那將無法尋得當下時刻的。

我不想喪失分析和分辨的能力。我願意學習如何更清晰和更專注地思考，但我不想放棄思考。思考是一種天賦，是人類最珍貴的財富。沒有了思考能力，我們將和飛禽走獸無異。

心智佔有優勢不過是意識演化過程中的一個階段，現在我們迫切需要向前邁向下一個階段，因為不這麼做，我們終將被這頭心智怪獸摧毀。這點，我稍後會再詳談。思維並非等同於意識，思維只是意識的很小一部分，有賴於意識才能存在，但意識的存在卻不必仰賴思維。

開悟意味著超越思維之上，不掉入比思維更低的層次——即動物或植物的層次。在開悟的狀態下，只要你需要，還是可以運用思維，但會比之前更專注和有效率。你主要是用它來處理實際的問題，此時，你的內心還是一片寂靜，沒有之前不由自主的喋喋囈語。當你使用了心智，特別是用來尋求一個有創意的解決辦法時，你將在幾分鐘之內，不斷往返於思維與寂靜之間，往返於心智與無念之間。無念就是不帶思維的意識，唯有如此，人們才能創意地思考，只有無念，思維才能真正發揮力量。只靠思維，那思維將和浩瀚的意識海洋失去連結，它將迅速失去了創造力，變得錯亂和深具破壞性。

本質上，心智是一部求生的機器，擅長攻擊別人、保護自己，擅長蒐集、儲存和分析資訊，卻毫無創造力可言。無論自覺與否，所有藝術家皆是在一個無念的空間、一種內在靜定的狀態獲得創作的源泉，再透過心智賦予創意一種形式。就連最偉大的科學家亦表示，他們的突破性創見皆得自心智靜默（Silence）的時刻。一項針對全美知名數學家（包括愛因斯坦）的研究顯示，在這些專家的工作項目中，思維「只是次要的，真正具決定性的是靈光乍現的片刻。」〔註1〕由此可知，絕大多數的科學家之所以缺乏創造力，不在於他們不懂得怎樣思考，而在於他們不懂得如何停止思考！

地球上的生命或人類的身體這類奇蹟，都不是透過思維、透過心智創造和維持的。很顯然地，有種比心智聰明無限倍的「智性」（intelligence）正在運作。否則，你要如何解釋，一個小小的人類細胞（直徑一千分之一英寸）裡的DNA，竟能包容相當於一千本書（每本六百頁）的資訊？對人體的研究愈深，就愈能感受到自己所知是如此淺薄，而背後

1 摘自亞瑟・柯斯勒（Arthur Koestler）的*The Ghost in the Machine*第一八〇頁。

主宰這一切的「智性」又是何其浩瀚。一旦心智與「智性」重新連結，便會脫胎換骨，成為無比神奇的工具，可以發揮超越自身能力之上的作用。

情緒：身體對心智的反應

情緒是什麼？我覺得自己受情緒擺佈的時間多於受心智擺佈。

心智（mind），以我的看法並非單指思維，還涵蓋了各種情緒（emotion）和無意識（unconsciousness）的心理—情緒反應模式。情緒是在心智與身體交會之處產生的，它們是身體對心智的反應，是心智在身體上的反應。例如，當你對誰產生攻擊或敵意心念時，身體就會堆積了稱為「憤怒」的能量。這時，你的身體會處於備戰狀態。當你認為自己受到生理或心理的威脅，升起的心念會讓身體收縮，產生了稱為「恐懼」的情緒。科學研究顯示，強烈的情緒甚至可以引起身體的生化反應。這些生化反應是情緒在生理面或物質面的展現。我們並不總是意識到自己在想什麼，但透過觀察情緒，你將看清自己的思維形態。

你愈認同於自己的思維、好惡、判斷與解釋，那就是說，你愈少以旁觀者的角色**臨在**，如此一來，情緒的驅力就會愈強大。如果你無法感受到自己的情緒，如果你與情緒的連結被切斷，最終，你會在純生理的層面體驗到這些情緒，它將以疾病或症狀的方式呈現出來。近年來，已有大量文章探討此類議題，所以在此就不多做贅述。一道強烈的無意識情緒，有時會帶來看似意外的事故。例如，我觀察到，那些身上累積大量怒氣而不自知的人，往往很容易受到他人口頭或身體的攻擊，卻不明所以。這是因為，他們散發的無形怒氣，會被同樣憤怒的人們無意識接收到，從而觸發了這些人潛藏的怒氣。

如果你不太容易感受到自己的情緒，那麼可以先專注於身體的內在能量場。從身體裡面去感受身體，這將可以讓你和自己的情緒產生連結。關於這點，我稍後會更詳細說明。

你說情緒是身體對心智的反應。但有些時候，兩者之間也會發生衝突：當心智說「往東」，身體卻不答應，偏要「往西」；或者反之。

如果想知道心智在想些什麼，身體是最老實的通風報信者。所以，去觀察體內的情緒，更精確的說是去**感受**它。如果心智和身體看似衝突，那說謊的一定是心智，說實話的一定是情緒。情緒不能告訴你「你是誰」，但能夠真實呈現你當時的心智狀態。

當然，表層思維與無意識的心理歷程有所衝突是相當常見的。你目前也許尚無能力將無意識的心理活動帶入覺知當中，使它成為**思維**，但它總會以**情緒**的方式反應在你身體上。運用這種方法觀察情緒，基本上就和之前提及的傾聽或觀察思維是一樣的，唯一分別只在於，思維存在於腦中，而情緒卻具有強烈的生理成分，是你可以透過身體感受到的。運用這種方法，你可以讓情緒自然如實地展現，卻不受它的控制。你不再與情緒合而為一，你是觀察者，情緒是被觀察者。依照這種方法練習，所有存於你體內的無意識部分，都將被意識之光所照亮。

你是說，觀察各種情緒就像觀察思維一樣重要嗎？

對。應該養成這樣的習慣，隨時問自己：「此刻，我內在有什麼樣的情緒？」這個問題將把你帶往正確的方向。但切記千萬別分析它，只要觀察就好。把你的注意力向內聚焦，去感受情緒的能量。如果沒有情緒浮現，就把注意力更深沈地集中於身體的內在能量場，那是通向本體的一扇大門。

由於情緒通常代表的是一種被誇大和強化的思維模式，由於情緒總是負載著強烈的能量，所以，一開始想要觀察它並非易事。它總是想辦法要控制你，而且總可如願，除非你有足夠的臨在意識。一般人們常會不自覺地被情緒牽著鼻子走，此時，情緒會暫時取代為「你」。而一個建基於思維和情緒兩者之間的惡性循環於焉形成：它們互相依存。首先，思維誇大了自己，並反應在身體上，形成情緒，然後，情緒的高振動頻率再回饋到思維，讓它繼續執著於原本引起它好惡的人事物，而這種執著又會帶給情緒更大的能量，如此循環不息。

基本上，所有的情緒都是來自同一個不具區別性的原始情緒，而這個原始情緒則起因於人們遺忘了在名字和形相之外自己究竟是誰的答案。由於這個原始情緒的本質是如此的不具區別，所以我們很難將它命名。「恐懼」（fear）可能是較為貼近的名稱，但除了不間斷的不安全感之外，這個原始情緒還含括了一種深沈的被遺棄感和不完整感。

我想我們可以找到一個和這個原始情緒同樣不具區別性的字詞，簡單稱之為「痛苦」（pain）。心智之所以要無休止活動，主要就是想擺脫情緒上的痛苦。然而，不管心智多麼努力，它的成功只是短暫的，只能暫時將痛苦蓋住。事實上，心智愈是用力去除痛苦，你所感受到的痛苦就愈大。心智永遠也找不到解決這問題的辦法，它是不會容許你去找出辦法的，因為它自己就是罪魁禍首。這就好比一位警察局長犯下一宗縱火案，那就別再指望他能找出縱火犯了。

只要你認同於心智，就無法自痛苦中解脫。但如果你能將心智從權力寶座上拉下來，本體就會自動現身，讓你明白它才是你的如如本相。

是的，我知道你接下來要問什麼。

我想問的是，難道愛與喜悅這類正面的情緒都是不好的嗎？

真正的愛與喜悅是離不開人的本然狀態的，也就是人與本體合而為一的狀態。每當思緒流中出現空隙，我們就有可能瞥見愛、喜悅或是短暫的深沈平靜。對多數人來說，這樣的空隙只是驚鴻一瞥，或意外碰上。目睹極致美麗的事物、將體能發揮到極限，或身處極大危險之際，心智會倏然噤聲，一片寂靜籠罩。在此寂靜裡，存在著微妙而強烈的喜悅、愛和內在和平。

通常，這樣的時刻都極為短暫，很快就會被心智噪音（即思考）所淹沒。在你尚未擺脫心智箝制之前，愛、喜悅、內在和平是無法源源湧出的。但它們三者並非我所稱的情緒，它們存在於一個比情緒更深沈的層次。也因此，你需要全然感受到自己的情緒，才能夠進一步**感受到**比情緒更為深沈的東西。「情緒」（emotion）一詞源自拉丁文emovere，意指「帶來困擾」，所以，情緒的本義乃是「困擾人的東西」。

愛、喜悅和內在和平皆為「本體」的面相，或是人與本體合而為一時所產生的三種感受。也因此，真正的愛、喜悅和內在和平是沒有對立面的。這是因為，它們並非心智的產物，它們超越於心智之上。情緒則不然，情緒是二元性心智的產物，必然受制於二元對立的法則。換言之，你不能只要快樂不要痛苦，不能只要愛不要恨。當你處於未開悟狀態時，擁有的只是快樂，不是喜悅。快樂是短暫的，也必然會轉變為痛苦。快樂來自於外在，但喜悅則源自於你的內在。快樂與痛苦彼此依存，今日可以帶給你快樂的事物，明天可能讓你墜入痛苦的深淵；或者你也會因為失去了它（這是早晚的事）而感到痛苦。我們一般所謂的「愛」也是如此。愛情可以帶給人們強烈的幸福感，但基於它高度需索的本質，也可能一瞬間就轉變為恨。事實上，許多所謂的「愛情」，除了初期幸福洋溢階段之外，都是擺盪於愛恨之間，擺盪於互相吸引或彼此攻擊之間的。

真正的愛不會讓人痛苦。當然不會，因為它不會突然轉變為恨，一如真正的喜悅不會轉變為痛苦。正如我說過的，甚至在你開悟之前，在你能夠擺脫思維之前，你便可能一瞥真正的愛、喜悅和深沈的內在和平，發現它們是如此寂靜卻又生氣蓬勃。它們是你如如本相的三個面向，卻常被心智所遮蔽。就像戀愛時，戀人偶爾也能感受到如此真實、不朽的事物存在，但這樣的時刻總是稍縱即逝，很快就因思維的介入而被遮蔽了。此時，你也許會覺得自己曾經擁有如此珍貴的東西，卻又失去了，又或者會被心智說服，以為一切不過只是錯覺。事實是，那並非錯覺，而它也不會被你遺落。那是你本然的一部分，心智可以遮蔽它卻無法摧毀它。就好比即使烏雲密布，太陽也不會因此消失，只是躲在雲的另一邊罷了。

佛陀說過，人類的痛苦源自於欲望或貪婪，若想擺脫痛苦，得先斬斷欲望的枷鎖。

所謂的欲望，其實是心智企求在外在事物或未來之中追尋救贖或解脫，做為本體喜悅的代替品。只要人們認同了心智，也就等於承認自己就是各種欲望、需求、貪戀、執著、厭惡的綜合體，此時「我」已不復存在，轉而成了只是一個可能、一個未能實現的潛能，或者說一顆尚未發芽的種子。在此狀態下，即使內心欲求解脫或開悟，終將不過是另一種形式的欲望，欲求自己可以在未來獲得自我實現或圓滿的表現。因此，別再希冀自己可以斬斷欲望或達到開悟，只要臨於當下即可。在當下時刻臨在，做一位心智的觀察者，與其引用佛陀的話，不如立地成佛，成為覺者，這才是佛陀一字的本義。

人類受痛苦箝制已久。自從被逐出樂園，進入時間與思維的國度之後，就失去了對本體的意識，飽受痛苦糾纏。從那時起，人們視自己為宇宙間無意義的碎片，與源頭

（Source）失去了連結，也失去了彼此之間的聯繫。

只要你繼續認同於思維，繼續處於無意識的昏昧狀態，痛苦就不可避免。我這裡說的「痛苦」，主要指的是精神上的痛苦，但也包括肉體上的痛苦，因為精神上的痛苦乃是身體疾病的主要成因。怨憎、仇恨、自卑、內疚、憤怒、沮喪、嫉妒，乃至微慍——這些全是痛苦的展現。而所有快樂和高漲的情緒本身都蘊含了痛苦的種子：痛苦是歡樂的背面，遲早會反過來操控全場的。

任何嗑藥達到飄飄欲仙的人們都知道，等歡樂的感覺一過，痛苦就隨之而至。亢奮與情緒低落是亦步亦趨的。愛情也是如此，濃情蜜意可在一瞬之間轉變為彼此傷害。快樂與痛苦看似南轅北轍，但站在更高的視點觀之，它們只是一體的兩面。它們皆屬於某種更為原始的痛苦的一部分，至於為何存在著這種更為原始的痛苦，則與人類認同於心智和小我密不可分。

痛苦可分為兩個層次，一種是當下製造的，另一種則是過去發生，卻持續糾纏著你的身心。別在當下繼續製造痛苦，並且致力去化解過去造成的痛苦，這就是我接下來要談的內容。

第二章
意識：擺脫痛苦的途徑

別在當下繼續製造痛苦

沒有人會完全沒有痛苦和憂愁，所以，與其逃避痛苦，不如學習如何與它共處？

人類多數的痛苦是不必要的。那是自找的，是人們任由自己被思維擺佈的結果。當下製造的痛苦，通常是對現狀有所抗拒，也就是不自覺地抗拒本然（what is）所引起的。從思維的層次看來，這種抗拒多以評價褒貶展現；從情緒的層次看來，則以負面情緒展現。你有多痛苦，端視你對當下時刻抗拒的強烈程度有多高，而這又取決於你有多認同於心智。心智總會想方設法否定當下。換言之，你愈認同於心智，你就愈痛苦。換句話說，你愈能讚賞、接受當下，就愈能擺脫痛苦，擺脫那自大的心智。

為什麼心智習慣性否定和抗拒當下？因為沒有了時間（即過去和未來），心智便無法運作，也就會失去對你的掌控，所以它把當下視為威脅。基本上，時間與心智是彼此依存的。

如果地球上沒有人類，只有植物與動物，會是什麼樣的光景。它還會有過去和未來嗎？時間對這樣的世界還有任何意義嗎？這時，「現在幾點？」「今天是幾月幾號？」之類的問題將不再重要。如果你向櫟樹或老鷹詢問時間，它們一定會忍俊不禁。「現在幾點？」它們會這樣回答：「現在是當下。時間就是當下。不然還會是什麼？」

沒錯，人類需要心智和時間，才能在這個世界生活，然而目前這兩者都過度被強調了，也因此失序、痛苦和憂愁便得以長驅直入。

為了繼續掌控你，心智會不斷以過去和未來遮蔽當下，也因此和當下密不可分的本體，其生命力和無限創造的潛能，同時也被時間遮蔽了，而你的如如本相也被心智扭曲了。人類的心智背負了長久以來累積的時間重擔，所有的個體都被這重擔壓得喘不過氣，但他們還覺得不夠，無時無刻繼續漠視或否定珍貴的當下，或將之視為進入未來時刻的跳板，以致讓自己負擔更重。人類在集體和個人心智上，不僅背負著大量的時間重擔，同時也裝載了大量從過去殘存下來的痛苦。

如果你不想再為自己與他人製造痛苦，不想再為既有的痛苦增添痛苦，那就請你停止製造時間，或至少別再製造多於生活實際所需的時間負擔。如何才能停止製造時間？方法是，深刻認識當下才是你唯一擁有的一切，並將人生聚焦於當下，只在實際需要處理生活問題時，才很快地在過去和未來稍做逗留。對當下情境你可以說「我接受」。有什麼比抗拒**已然**存在的東西更徒勞、更不智的呢？人生就是當下，也只有當下。所以，還有什麼比抗拒人生更讓人錯亂的呢？向**本然**臣服（surrender）吧，向人生臣服吧。如此一來，你將赫然發現，人生將**順**你心意，不再跟你作對了。

有時當下時刻會讓人難以忍受，讓人感到很不愉快，甚至讓人覺得可怕。

當下就是如是。你該做的是，觀察心智如何替當下貼上標籤，以及這個過程又如何製造出痛苦與不快樂。透過觀察心智的機轉，你將可擺脫它的抗拒模式，**讓當下如如呈現**。這將使你體會到不受外在箝制的自由滋味，品嘗到何謂真正的內在和平。接著，觀看發生了什麼事，並採取必要或可能的行動。

接受當下，採取行動。不管當下是什麼，都心甘情願接受它，就像它是你自己選擇的一樣。與它合作，不要抗拒。把它當成朋友和盟友，不要當成敵人。如此一來，你的整個人生將會發生神奇的轉化。

將發現，自己的思想和行為正不斷地讓痛苦延續下去。一旦你真正意識到這點，這個惡性循環馬上就會消失，這是因為，沒有任何神智正常的人會希望為自己製造更多的痛苦。

痛苦之身是虛假自我投射出的陰影，最害怕的就是受到你的意識之光所照耀。它害怕被發現。它的存活有賴於你的不自覺與認同，有賴於你害怕面對存乎體內的痛苦。但如果你不去面對它，不去用意識之光去照耀它，你將被迫一次又一次喚醒它。你或許以為痛苦之身是頭危險怪獸，你無力對付，但我可以向你保證，它只是不具實相的幻影，抵擋不了你臨在的力量。

有些靈性導師認為，所有痛苦歸根究柢只是假象。此話不假，問題在於，你能感受到它的虛假嗎？相信真理並不能使它成真。你希望終其一生都聲稱痛苦為假，卻始終擺脫不了它嗎？我們關心的是，如何讓你**體現**真理，也就是說，讓它成為你生命中的實相。

痛苦之身不希望你直接觀察它、認清它的真實樣貌。就在你觀察它、感覺它在你體內的能量場，並關注其上的那一刻，你對它的認同就會瓦解，一個更高向度的意識就會出現，我稱之為**臨在**。這時，你將成為痛苦之身的見證人或觀察者。這意味著，它無法再透過假裝是你來操控你，無法再透過你得到滋養。你發現了自己內在強大的力量，你已經擁有了當下的力量。

當我們有足夠的覺知，足以打破對痛苦之身的認同時，它會變成什麼樣子呢？

無意識創造了它，但意識可以讓它打回原形。聖保羅（St. Paul）曾美妙地描述過這個宇宙法則：「放在光之下的一切皆會被照亮，被光照到的任何東西皆會變成光。」就像無法打敗黑暗一樣，你也無法擊退痛苦之身。試圖對抗只會引發更大的內心衝突與痛苦。單是觀察就已足夠。觀察它意味著你已接受它是當下的一部分。

痛苦之身是由受困的生命能量所形構的，這些能量自你的整體能量場分離而出，而且透過認同心智這樣反自然的過程，暫時變得可以自主運作。正因如此，它轉而向內，並對抗生命，就像一頭設法吃掉自己尾巴的動物。為什麼人們總說我們的文明深具破壞性？與此相同，即使是這樣摧毀生命的力量，它仍是一股生命能量。

當你開始不再認同它，轉而成為觀察者的時候，痛苦之身仍會繼續運作一陣子，並試圖誘引你再次認同它。雖然你不再透過認同灌注能量給它，它還保有一些動能，這就像旋轉中的陀螺，即使不再轉動它，仍會原地打轉一陣子。在這個階段，它有可能會在你身體不同部位製造一些疼痛或不適，但這情形不會持續太久。你不用理會它，只要保持臨在，繼續觀察，守護好自己的內在空間即可。你需要全然地臨在，以便直接觀察痛苦之身和感受它的能量，這樣，它將無法再度掌控你的思維。反之，一旦你的思維受痛苦之身所操控，你將再度認同於它，再度以你的思維壯大它。

例如，如果憤怒是你痛苦之身的主角，你想著一些令人惱怒的事情，你著眼於別人對我做了什麼，或是我將如何對他還以顏色。你無意識自己如此，但就在此時痛苦之身已然攻佔「你」了。哪裡有憤怒升起，痛苦也會經常在底層蠢蠢欲動。再者，當你感到悲觀，開始進入負面思維模式，並對人生深惡痛絕的時候，你的思維將無意識再度受到痛苦之身操控，而且你也將變得脆弱，變得容易遭受痛苦之身的攻擊。我所謂的「無意識」（unconsciousness），是指認同於一些心理或情緒模式，它意味著觀察者完全缺席。

穩定持續的觀察，可以切斷痛苦之身與思維之間的連結，推進轉化的歷程。這就好比把痛苦當作燃料，讓意識之火燒得更旺。這就是古代煉金術的奧義：點石成金，轉化痛苦為意識。這樣，內在分裂的傷口將再癒合，你將再度臻至圓滿。接下來，你的責任就是不要再繼續製造更多的痛苦。

讓我總結以上所說的。將注意力聚焦在內心感受，認識它就是痛苦之身，接受它的存在。不要去**思考**它，不要讓那些感受轉化為思維；不要評斷或分析；不要透過它找尋自我的認同。保持臨在，持續觀察你內在發生了什麼。不要只專注於情緒的痛苦，還要留意到有位靜默的觀察者的存在。這就是當下的力量，就是你自己有意識地臨在的力量。接著，靜待將會發生什麼。

對許多女性來說，生理期前是痛苦之身最容易被喚醒的時刻，原因為何我稍後再詳細說明。現在，我想說的是：你若能夠保持覺醒與臨在，隨時**觀察**內心的感受而不受其箝制，你就有機會施展最有力的靈修方法，在極短時間之內將過去所累積的痛苦一掃而空。

小我對痛苦之身的認同

我剛才描述的方法既簡單又有用，孩子也一樣學得來，希望有朝一日，它將成為孩子們在課堂上學習的第一課。一旦明白了這個基本方法（我所謂的明白是指透過「體驗」去「明白」），你將擁有一件最有力的轉化工具。

這並不是說，在你企圖擺脫痛苦的時候，你不會遭遇激烈的內在抗拒。特別是對於大半輩子強烈認同於痛苦之身的人，以及全部或大部分的自我意識都投注於痛苦之身的人來說，這種情況相當常見。這表示，當人們從痛苦之身創造出一個不快樂的自我（unhappy self），又把這個虛構之物當成自己，如此一來，他會因為害怕失去「自我」，而強烈抗拒擺脫痛苦之身。換句話說，他寧願活在痛苦之中，寧願讓痛苦之身佔領自己，也不願跳入未知，不願失去那個不快樂卻熟悉的自我。

如果你是這樣的人，那請你觀察內在的抗拒，保持相當地警覺，觀察你對痛苦的執著，觀察你從活在不快樂當中所獲致的奇特快感，觀察你有思考它和談論它的衝動，一旦你能夠意識到抗拒的存在，它就會慢慢消散。接著，你可以把注意力轉移到痛苦之身，當個臨在的見證者，如此開始轉化的歷程。

唯有**你**辦得到這件事，沒人能**代替**你。但如果夠幸運，遇到一些強烈臨於當下的人們，與他們共同修練，將可加速轉化的發生。這就好比將一根剛點燃的木頭，靠近另一根燒得旺盛的木頭，前者的火便會更加旺盛，即使之後和第二根木頭分開，仍可以燒得比原來熾烈。畢竟，火可以助火。靈性導師就是扮演這助燃的火；有些心理治療師也能勝任這份工作，他們已超越了心智的層次，可以在助人的過程中，創造和維持一種有意識地強烈臨在狀態。

恐懼的源頭

你說過，恐懼是我們最原始的情緒痛苦的一部分。恐懼如何升起的？又為何有那麼多人的人生會充滿恐懼？另外，適度的恐懼不是會讓人可以保護自我、不受傷害嗎？例如，假設我不會恐懼火，說不定就會把手伸進火裡，因而燒傷。

你不會把手伸進火裡，不是因為你恐懼火，而是知道這樣做會讓你燒傷。你不需要恐懼幫助你避開不必要的危險，只需要一點點智慧和常識便已足夠。對這類實際的需要，學來的知識是有用的。然而，現在如果有人用火或暴力**威脅**你，你就可能體驗到類似恐懼的感受。這是面對危險的本能反應，但這種恐懼卻跟我們正在談論的恐懼的心理狀態有所不同。恐懼的心理狀態與任何具體或迫在眉睫的危險無關，它有許多展現的方式：不自在、煩惱、憂慮、緊張、神經緊繃、驚恐症等。這類恐懼**也許**與未來會發生的事有關，卻和正在發生的事無關。**你**身在此時此刻，**心思**卻跑到了未來，這樣的落差創造了一個焦慮的缺口（anxiety gap）。只要你認同於心智，失去跟當下的力量與單純的連結，這個焦慮的缺口就會與你長相左右。當下時刻是你可以掌握的，未來卻是你無法應付的，因為它只是你心智的投射物，尚未真的發生。

再者，正如我前面說過的，只要你一天認同於心智，你的生活就會受到小我的擺佈。小我只是幻影，儘管它有著精密的自我防衛機制，卻仍是非常脆弱和沒有安全感的，它總認為自己飽受威脅，即使有的小我外表看似自信十足。記得嗎？前面說過情緒是身體對心智的反應。那麼，身體從小我不停接收到的信息又是什麼？是危險，是「我」正在受到威脅。那麼，這持續不斷的信息將引來哪種情緒？當然就是恐懼了。

恐懼看似五花八門。害怕失去什麼、害怕失敗、害怕受傷，這些都是恐懼。但最終來說，所有恐懼其實都是源自小我對死亡、毀滅的害怕。對小我來說，死亡無所不在。當你正處於認同心智的狀態下，害怕死亡將影響你生活的許多面向。一些瑣碎卻看似「正常」的小事，例如在爭辯中，我們總想證明別人錯、自己對這類強迫性需求，也是害怕死亡的表現。因為你的自我是建基於心智的，所以說你是錯的，那代表著由心智所形構的自我正飽受毀滅的嚴重威脅。所以你的小我是不會認錯的，認錯對它而言如同被判死刑，許多戰爭因而發生，無數人際關係因而破裂。

一旦你不再認同於心智，那認錯也就沒什麼大不了的。你的自我不會因此受到威脅，所以也不必拼命反擊。擺脫小我箝制的人，還是可以擁有自己的主張，還是可以清楚且堅定地表達自己的主張，卻不帶攻擊性或防衛心理。此刻你對於自我的認知，是來自於你內在更深沈、更真實的地方，而不是來自於心智。觀察自己是否正處於防衛狀態。你防衛什麼呢？那些不過是幻影，是心智的虛構之物。對這樣的模式保持覺知並觀察它，你將可以擺脫對它的認同。如此一來，爭執與權力鬥爭將煙消雲散——這兩者對人際關係都具有強烈的破壞性。想以強權壓制他人，只是試圖用權力掩飾自己。真正的力量來自於內在，而就在當下你便可以擁有它。

所以，任何認同於心智的人、所有與自己真正力量和深層自我失去連結的人，時刻都被恐懼圍繞。能夠超越心智的人少之又少，所以，幾乎可說，我們身邊的每個人都是生活在一種恐懼的狀態，只是程度不同罷了。人們的恐懼擺盪在天平的兩端之間，一端是強烈的焦慮和畏懼，一端則是隱約的不安和被威脅感。多數人們只在恐懼以某種較尖銳的形式表現出來時，才覺知到它的存在。

小我對圓滿的追尋

除了恐懼之外，小我另一個基本的痛苦情緒則是深沈的不完整感。這種感受幾乎人人皆有，只是有些人覺察得到，有些人覺察不到。那些覺察到的人，總會感到不安，總會覺得自己沒有價值或不夠好；那些覺察不到的人，則總會強烈渴求些什麼，總會覺得欠缺些什麼。不管哪種情況，人們經常會強迫自己去追尋自我滿足或認同一些外在的事物，藉此填補內心的空洞。他們追求金錢、成就、權力、榮譽、愛情，藉此肯定自己，讓自己更為完整。不過，即使他們擁有了一切，旋即會發現內心的空洞還在，發現那是一個填也填不滿的無底洞。此時，他們陷入真正的麻煩，因為他們無法繼續欺瞞自己。也許可以，但會愈來愈難。

只要你的人生受到小我控制，你就無法獲得真正的安適自在。你不會擁有真正的平靜或滿足，最多只在追尋到你渴望的外在事物時，獲得短暫的滿足。「小我」是一種衍生的自我感受，需要依賴外在事物來認同自己，需要不斷被保護和餵養。這些外在事物最常見的有財富、事業、社經地位、教育水準、外貌、特殊才能、人際關係、個人與家庭背景、以及信仰，另外政治認同、民族認同、種族認同、宗教認同和其他的集體認同也是，但這些東西無一是你自己。

你感到震驚嗎？還是覺得如釋重負？所有榮華富貴轉眼成空，這些東西都與你的真實身分無關。也許你覺得難以置信，但我原本就不是要你**相信**，在這些外在事物之中，你是無法找到自我認同的。這是一個你遲早會**知道**的道理，至少，在面臨死亡逼近時，你就會知道了，死亡將粉碎所有與你不相干的東西。想好好活著的最大祕訣就是「死前先死過」（die before you die），因為這樣你會發現原來死亡不曾存在。

第三章

深入當下

別在心智中追尋自我

在臻至意識完全展現或靈性開悟之前，我覺得需要先了解心智是怎麼運作的。

不需要。心智的問題無法在心智的層次得到解決。有關心智，你需要知道的就是它發生了基本的功能失調，僅此而已。研究心智的錯綜複雜，也許可以讓你成為一位優秀的心理學家，卻無法讓你超越於心智之上，一如研究瘋癲並不足以讓人變得正常。你已經理解了無意識狀態的基本機制：認同於心智，於是創造了小我，因而掩蓋了根植於本體的真實自我。如耶穌所說，這樣的人等於是「離了葡萄樹的枝子」。

小我的需索是無止境的。它深感脆弱且飽受威脅，不斷生活於恐懼和匱乏的狀態之中。一旦你了解它的運作是如此地失調，你就不需要去探索它那千百種展現的方式，也不必把它的煩惱視為自己的。當然了，小我希望你那樣做。它總是四處尋找可以讓自己依附的東西，以便支撐和強化它虛幻的自我感，而且它早已做好依附到你煩惱上的準備了。這也是為什麼有這麼多人，他們的自我意識是與自身的煩惱緊密相連。一旦小我和煩惱糾纏不清，它最不願意的就是離開這些煩惱，因為那意味著自我將銷聲匿跡。也因此，這些無意識存在的小我，大多將注意力集中到痛苦和苦難裡了。

所以，一旦認識到無意識是根源自認同於心智（包括情緒），你便解脫了，你將處於臨在。當你能夠臨在，便會容許心智以它本然面目存在，不致與它糾纏不清。心智本身並無功能失調，它是一件奇妙的工具。然而，一旦你試圖在心智中追尋自我，並把它誤認是你自己，失調才會發生。它將因此受限成為小我心智（egoic mind），並掌控你整個生命。

終結時間的假象

擺脫對心智的認同，在我看來近乎不可能。我們全都沈浸在思考中，你要如何教一條魚飛行呢？

祕訣在此：終結時間的假象。時間與心智是分不開的，將時間從心智中移開，心智就會停止運作——除非你選擇使用它。

認同於心智，將讓人們受困於時間之中，讓人們不自覺地活在回憶與預期之中，因而無止境地牽掛過去與未來，不願意接納當下，也**不允許當下就這樣存在**。之所以如此，是因為人們以為自我需寄託於過去，救贖需寄託於未來，其實這兩者都是假象。

如果沒有了時間意識，我們要如何生活？我們將不再有奮鬥的目標，甚至不知道自己是誰。今日的我乃由過去所創造。我認為時間意識非常珍貴，我們應該學習好好利用時間，不要浪費時間。

時間一點都不珍貴，它只是個假象。你會覺得珍貴的，其實不是時間，而是時間之外的一個點，這個點就是「當下」，那的確無比珍貴。你愈著眼於時間（即過去和未來），就愈會忽略當下，忽略了最珍貴的東西。

為什麼它如此珍貴？首先，它是你**唯一**擁有的，它是你所能擁有的全部。永恆的現在（eternal present）就是你全部生命可以開展的空間，是你生命的唯一常數。生命就是當下，你的生命沒有一刻不在當下，過去如此，未來也是如此。再者，當下之所以珍貴，是因為它是可以帶你擺脫心智局限，進入永恆無形的「本體」之域的唯一一刻。

當下之外別無他物

過去、未來不是跟此刻同樣真實，甚至更為真實嗎？過去決定了我們現在到底是誰，未來的目標則決定我們當下該做什麼。

你尚未掌握我所說的內容的本質，因為你試著用心智來理解。然而，心智是無法理解這些的，只有你可以。所以，只要專心傾聽就好。

請問，你經歷過、做過、想過、感受過的事情，有哪些發生在當下之外的嗎？顯然是「沒有」，對不對？過去未曾發生過什麼，它們只曾在當下發生。未來也不會發生什麼，它們只會在當下發生。

我們以為過去發生的事，其實只是一些回憶，它以「先前的當下」（former Now）的形式儲存於心智裡。當你回憶過往，你只是喚醒了一個記憶，而你是在當下這麼做的。未來則是一個想像的當下（imagined Now），是心智的投射。當未來真正來到，它會以「當下」的形式來到。過去與未來本身都不具實相，這就好比月亮本身不會發光，靠著反射太陽光才會顯得明亮。未來和過去發出的微光，乃是反射自永恆的當下，它們的實相其實是從「當下」借來的。

我所說的一切，是無法被心智理解的。就在你能掌握這些的那一刻起，你的意識焦點將從心智轉換到本體，從時間轉換到臨在。突然間，你將感覺到萬物變得如此鮮明，散發著能量，展現其本體。

進入靈性向度的鑰匙

面對生死交關的危急關頭，人的意識往往會自然而然從時間轉換到臨在。這時，過去與未來都將暫時隱退，取而代之的是強烈的有意識地臨在。它是如此寂靜卻又十分警覺，對於應該採取什麼行動，有著非常清楚的覺知。

雖然有些人們對於自己喜歡從事冒險活動（爬山、賽車等）並不自覺，從事這些活動理由正在於此。這些活動可以逼迫他們進入當下，得以擺脫時間、擺脫思考、擺脫煩惱，以及擺脫個性的包袱。從事這類活動時，哪怕只有一秒不專注於當下，都有可能因而死亡。可惜的是，一旦停止了活動，專注的狀態就不復存在。其實，你不用攀登險峰就能獲致同樣的體驗，此時此刻你就可以進入當下。

自古以來，幾乎各教各派的靈性導師都指出，當下乃是打開靈性向度（spiritual dimension）的鑰匙。儘管如此，它仍是個謎團，教堂或寺廟裡不會告訴你其中的真諦。上教堂時，我們會聽到《福音書》裡有下面這些教誨：「所以，不要為明天憂慮，因為明天自有明天的憂慮。」或「手扶著犁向後看的，不配進神的國。」《聖經》也說過，漂亮的花朵不會為明天憂慮，而會輕鬆自在地活在當下，享受上帝的豐足供應。這類話語我們耳熟能詳，卻從不了解其中的深意和真諦。似乎沒人明白人之所以活在世上，就是要歷經一場深沈的內在轉化歷程。

禪宗的精義就是走在「當下」的刀鋒邊緣，全然**臨於當下**，以致沒有任何痛苦、任何煩惱、任何**與你本質不相干**的事物可以存留於你體內。在當下時刻，在無時間的向度裡，所有煩惱都會瓦解。痛苦需要靠時間來維繫，它無法在當下存活。

偉大的臨濟禪師為了避免弟子分心到時間上，他經常豎起一根指頭，慢條斯理地問：「能盡今時，更有何事？」這是個強而有力的問題，但臨濟禪師並非要其弟子用心智回答這個問題，只是想讓他們將注意力拉回到當下。另一相似的禪宗話頭則是：「不是此時，那是何時？」

「當下」同樣也是伊斯蘭教神祕主義派別蘇菲派（Sufis）的思想核心。他們有句名言：「蘇菲派是當下時刻之子。」該派大詩人和導師魯米（Rumi）亦宣稱：「過去與未來是遮蔽上帝的面紗，該用火燒掉它們。」

十三世紀靈性導師艾克哈特（Meister Eckhart）則這樣說過：「時間遮蔽了光線，是我們接近上帝最大的阻礙。」

汲取當下的力量

剛才，當你談到「永恆的現在」以及過去和未來並非實體存在時，我發現自己正望向窗外的樹。我已經看過那棵樹非常多次了，但這次卻有不同的印象。它的外觀沒有太大不同，只是看來更光鮮亮麗。不過，我卻感覺多了一個新的觀看向度，這真是難以形容。我只覺得我看到了某種無形的東西，你不妨說那就是樹的本質，是它的內在靈性（inner spirit），而我還感覺到自己也是那本質的一部分。我了解到，自己以前從未真正看過這棵樹，我所看到的只是它平板呆滯的表象。現在我再往樹望去，方才的印象還在，卻快速消散。你看，那經驗正沒入了過去，像這樣的經驗都是轉瞬即逝的嗎？

你在一瞬間擺脫了「時間」，進入了當下，所以可以不用心智這片濾網觀看那棵樹。對本體的覺知已成為你認知的一部分。這種伴隨無時間向度（timeless dimension）而來的認識是相當不同的。它不會「破壞」存於生物體和事物之中的靈性，它不會摧毀生命本有的神聖和神祕，而是對他們深懷愛意和敬意。這樣的認識，心智對它一無所知。

心智無法知道樹的本質，它能知道的只是**關於**樹的知識和資訊。我的心智也無法知道你的本質，只能知道一些與你有關的事實、意見、標籤和判斷，唯有本體才能直接知道。

心智和知識並非全無用處，處理一些日常生活事情時，它們便派得上用場。然而，一旦讓它掌控你人生所有的面向（包括你跟他人、還有與大自然的關係），它將變身為可怕的寄生蟲，無可抑制地，可能最後將殺死地球上所有生靈，乃至宿主，然後死去。

你已經短暫瞥見無時間向度如何轉化了你的認知，但無論那經歷是多麼美好、深刻，只有一次是不夠的，你真正需要以及我所關心的是，意識的永久轉化。

所以，努力打破慣性的思維模式，即不再否定當下、抗拒當下。將注意力從過去和未來移轉回來，在日常生活中盡可能從時間向度中抽離開來。如果發現自己難以直接進入當下，就開始觀察心智意欲自當下逃離的這種傾向，你將發現，你總是把未來想得比現在更好要不更壞。如果你把它想得比較好，就會充滿希望並滿懷快樂地期待著；如果你把它想得比現在差，就會感到焦慮，這兩者都是錯覺。透過自我的觀察，更多的**臨在**自然而然就會進入你的生活。在你意識到自己沒有臨於當下的那一刻，你即已臨在了。當你能夠觀察心智，你將不再為其所困，這時，另一個不屬於心智的要素出現了：觀察者的臨在。

保持臨在，隨時觀察心智的動靜，觀察自己的思維、情緒以及面對各種狀況的反應，或至少關心自己因為某些狀況或某些人而做出的反應，同時也留意自己將注意力放在過去或未來的頻率有多高。別做任何的評斷或分析，觀察你的思維、感受你的情緒、留意你的反應，別把它們當成你個人的問題，這樣，你將感受到有個比你所觀察的東西更有力量的東西：在心智的背後，那個寂靜的，正在觀察臨在本身的，靜默的觀察者。

遇到引發強烈情緒張力的情境時，你會需要強烈的有意識地臨在，例如自我遭受威脅、人生遇到重大逆境，或是不堪回首的往事被喚起的時候。面對這些情況，你很容易會落回「無意識」狀態。固定的情緒或反應模式將掌控你，讓你「變成」它。你會不斷辯解、攻擊、防衛……但，這些反應模式並不是你，只是心智企求生存的習慣模式。

認同於心智將為它注入更多的能量，反之，觀察心智便能收回它的能量。認同於心智將製造出更多的「時間」，反之，觀察心智便可以打開無時間向度。從心智收回的能量將轉移到臨在上，一旦你可以感受到何謂臨於當下，就能夠輕易地在用不著時間的時候從時間中抽離，深沈地進入當下。這並不會妨礙你使用時間的能力（處理日常事務時，我們會用得著「時間」），也不會減損你使用心智的能力。事實上，它提升了心智的能力，此時你若需要使用心智，將會發現它變得更犀利、更專注。

擺脫心理時間

你可以在日常生活上學會如何使用時間——我稱之為「時鐘時間」（clock time）。然而，一旦事情處理完畢，便應該馬上回到當下。這樣，才不會創造出「心理時間」（psychological time）。所謂的「心理時間」，是指認同於過去，並持續強迫將這樣的認同投射到未來。

並不是只有在安排約會或旅行時才用得著「時鐘時間」。從過去所犯的錯誤中汲取教訓，避免重蹈覆轍，也是使用了「時鐘時間」。此外，制定目標、朝目標努力、以歸納得出的物理或數學法則預測未來，同樣也使用了「時鐘時間」。

不過，即使日常生活少不了過去與未來這兩個參照點，當下時刻仍有其重要地位。例如，過去的教訓之所以值得記取，正因為它與現在的情境有關，又例如，為實現目標所採取的行動，都必然是在**當下**進行的。

開悟的人總是專注於當下，卻又能同時對時間有所覺知。換言之，他們繼續利用「時鐘時間」卻不受制於「心理時間」。

學習這樣做的時候要保持警覺，才不會不自覺地讓「時鐘時間」被轉變為「心理時間」。例如，假如你只是想從過去汲取教訓，不讓自己重蹈覆轍，就是單純地使用了「時鐘時間」。但是，如果你無法忘記這個錯誤，為此內疚、自怨自艾，認為都是自己或我的錯，你將此錯誤變成了自我感受的一部分，這時它就轉變成「心理時間」了。「心理時間」總是與錯誤的認同有所連結，多數不肯原諒自己或別人的人，都背負了沈重的「心理時間」。

如果你訂定了目標，朝它努力，就是在使用「時鐘時間」。你知道目標在哪裡，但仍全神貫注於此時此刻你將踏出的那一步。不過，一旦你開始太著眼於目標，可能你想追尋快樂、成就或從中獲得更完整的自我感受，當下不再是你關注的焦點，它只是你通向未來的一塊跳板，不具任何內在價值。此時，「時鐘時間」將被轉變為「心理時間」。你的人生旅程不再悠哉漫遊，而是不斷趕路，你一心只想快點抵達目的地。你無法停下來欣賞路邊的花香鳥語，也感受不到生命的美妙與神奇。

我看見了當下為何無比重要。但對於你所說的，時間純粹只是假象，我仍無法完全苟同。

當我說「時間是假象」，並非想要提出一個哲學主張，只是想提醒你一個簡單的事實。這事實如此簡單，以致你可能覺得難以理解，甚至不知所云。但一旦充分領略，它就會像把利刃，斬除心智製造出來的層層障蔽。讓我再說一遍，當下時刻是你自始至終唯一擁有的東西，你生命中沒有一時一刻不是「此時此刻」，這難道不是事實嗎？

心理時間引起的錯亂

只要看看心理時間在人類的集體展現，就無人能否認它是一種精神疾病。共產主義、納粹主義、民族主義，以及各種僵化的宗教信仰全都是它的展現，它們全都奠基於這樣一個前提：至善（highest good）只能在未來實現，因為這是個無比崇高的目標，所以採取任何手段皆為合理。它是種理念，是心智投射到未來的影像，同時也被認為是可以實現幸福、自由或平等的時刻。常見的是，為了可以在「未來」達成這個目標，「此時此刻」奴役、虐待和謀殺人們都成了正當的手段。

例如為了創造一個「更美好的世界」，俄國、中國和其他共產國家大約殺了五千萬條人命。〔註2〕這讓人毛骨悚然，它讓我們看到信仰一個「未來的天堂」，卻足以製造一個「今日的地獄」，我們還需懷疑「心理時間」不是一種嚴重而危險的精神疾病嗎？

這種心智模式如何在你的日常生活中運作呢？試問，你是否總是不滿意現狀，總以為明天會更好？你所做的事，是否大多只是為了達成你的目標？你所謂的滿足，是否只是追

2 摘自布里辛斯基（Zbigniew K. Brzezinski）的《大失敗》（*The Grand Failure*）第二三九－四〇頁

求短暫的歡愉，例如性愛、美食、飲酒、嗑藥、冒險和刺激呢？你是否總是追求改變、成就、收穫，或是追求一些新的刺激或快樂？你相信擁有愈多，愈能讓你的人生更充實、更完美？你是否正在等待一位異性為你的人生帶來意義？

在一般的、認同於心智的，或尚未開悟的意識狀態下，當下所潛藏的力量和無限創造潛能，將會被心理時間完全遮蔽。你的生活將因此失去活力、新鮮感和驚奇。同樣的思維模式、情緒模式、行為模式，將依照心智預先寫好的劇本，不斷輪番上演。這個劇本賦予你一個虛假的身分，扭曲或遮蓋了當下的真實。接著，心智更創造了這樣的想法：之於不盡如意的現狀，未來是最好的出口。

時間是負面情緒與痛苦的根源所在

可是，相信未來會更好，並非一定是幻覺。現在有時真的很可怕，而未來有時真的可以變得更美好，這種情形屢見不鮮。

大多時候，未來只是過去的翻版。表面的進步是可能的，但**真正的**進步卻極少發生，端視你能否充分臨在，能否靠著汲取當下的力量化解過去的是非。未來會如何，是由當下的意識狀態所決定的。如果你的心智背負了過去沈重的包袱，那你所體驗到的未來也將是如此。缺少了臨在，過去將永恆存在。你此時此刻的意識品質，乃是形塑未來的決定因素，至於未來，當然只在當下才能經歷。

即使中了千萬美元的樂透，它所帶來的改變仍是表面的。你將從此錦衣玉食，但你的基本行為模式卻不會因而改變。現在人類已經懂得如何分裂原子，製造原子彈。以前一個人用木棍頂多殺死十幾二十人，如今，按個鈕就足以殺死百萬人。這**真的**叫進步嗎？

如果未來是取決於你此時此刻的意識品質，那麼，決定你此時此刻意識品質的又是什麼？是你臨在的程度。所以，能夠帶來真正進步和化解過去的唯一空間就是「當下」。

所有負面情緒（negativity）都是由大量的心理時間和否定當下所引起的。不安、焦慮、緊張、壓力、憂愁——這些全是恐懼的不同展現形式，它們會出現，全因為我們過度關注於未來，沒有好好活在當下。內疚、懊悔、憎恨、怨尤、哀傷、疾苦——這些全是不寬恕（nonforgiveness）的不同展現形式，它們會出現，全因為我們過度關注於過去，沒有好好活在當下。世人雖然多不相信，意識狀態有可能完全擺脫負面的心態，然而，這種解脫又是各教各派的靈性教誨所指向的。你可以聲稱這種狀態是「救贖」，不同的是，它不是發生在虛無飄渺的未來，而正發生在此時此地。

你也許很難接受時間是所有痛苦和煩惱的根源所在，你深信這些問題是由生活中某些情境所引起的。從世俗觀點來看，這個看法並沒有錯。不過等你知道了心智的基本失調特質（依戀過去和未來，並否定當下），就會明白所有的問題是交相出現的。因為，就算今日你所有苦惱的問題突然奇蹟似地消失，但只要你沒有更全然地臨在、更具有意識，不用多久，你將發現自己又被類似的問題困擾。無論你去哪裡，它們都如影隨形。歸根究柢，人類的問題只有一個：受時間箝制的心智本身。

我無法相信有朝一日自己可以擺脫一切的煩惱。

沒錯。那不可能「有朝一日」**做到的**，因為它就在此時此刻。在時間的向度裡是找不到救贖的。你不可能在未來獲得解脫。臨在是擺脫一切的關鍵，所以，你只能在當下獲得解脫。

在人生處境下追尋生命

我不明白我怎麼可能在當下獲得解脫。事實上，我目前的人生相當不快樂。這是個事實，所以如果我試圖說服自己一切都好，但實際上一點也不，那就是欺瞞了自己。對我來說，此時此刻是非常不快樂的，沒有任何解脫的感覺，支持我繼續活下去的動力是寄望於未來的改變。

你自以為專注於此時此刻，實則，它完全被時間所控制。你不可能既不快樂，又全然臨於當下的。

你所說的「人生」（life）嚴格來說只是「人生處境」（life situation）。它由心理時間所構成，亦即由過去和未來所構成。你現在不快樂，是因為過去發生了一些不如意的事情，它們構成了你今日的人生處境。你依然抗拒著這些往事，抗拒著**本然**（what is）。希望（hope）是讓你活下去的動力，但也讓你聚焦於未來。而持續關注於未來會讓你否定當下，也因此你感到不快樂。

沒錯，我當前的人生處境確實是過去發生的事情所導致的。儘管如此，它仍然是我當前的處境。我被困在其中，感到非常不快樂。

你應該試著暫時忘卻你的人生處境，專注於你的**生命**。

兩者有何不同？

你的人生處境存在於時間之中，你的生命存在於當下。你的人生處境是心智所虛構，你的生命是真實不虛的。

找出那扇「通向生命的窄門」，它的名字叫做「當下」。將你的生命窄化集中在此時此刻，你的人生處境也許充滿煩惱（多數人皆如此），但找出你在此時此刻是否有任何的煩惱？不是明天或十分鐘之後喔，而是此時此刻。你此時此刻有什麼煩惱嗎？

如果你滿腦子都是煩惱，那就沒有空間容納新的東西，沒有空間容納可供解決煩惱的方法。所以，只要情況許可，任何時候都盡量留下一些空間、創造一些空間，以便在人生處境下可以追尋生命。

充分運用你的感官，安處於所在之處，環顧四周，但只是看，不要加以詮釋。看看光線、形狀、顏色、質地，覺知每件事物的寂靜臨在，覺知讓各種事物可以存在的空間。傾聽各種聲音，但不要加以評斷，傾聽各種聲音底下的寂靜。觸摸一些東西，任何都可以，感受及認識它的存在。觀照呼吸的韻律，感受氣息的進出，感受身體裡面的能量，讓一切如其所是，無論內外。容許所有事物以其本然樣貌（isness）呈現，深沈地進入當下。

這樣，你將可以走出那個由心智虛構出來的無趣世界，走出時間的囚牢。這樣，你將可以擺脫那錯亂的心智——它不只正抽乾你的生命能量，也慢慢毒害和破壞地球。這樣，你將可以從時間的幻夢中醒來，進入現在。

所有煩惱都是心智虛構的假象

照你的方法去做，我感覺好像卸下了一個沈重的包袱，通體輕盈。我感到清澈……可是，當初讓我感到煩惱的問題還是沒有解決啊？我是否只是暫時逃避這些問題呢？

就算你身處天堂，過不了多久，你的心智仍會說：「就是這裡了，但……」最終地，並非問題的解決，而是要了解到沒有問題這回事，只有情境。對於情境，你可以決定是要現在面對，或是暫放一旁，視之為本然樣貌的一部分而加以接納，靜待其改變或等你更能面對時再行處理。煩惱是心智虛構出來的，需要「時間」維持它們的生命，無法在當下的現實情況（actuality）下存活。

專注於當下，告訴我，此時此刻你有什麼煩惱？

我沒有聽見任何回答。因為當你全然專注於當下，煩惱就沒有存在的餘地。面對不順遂的處境，你可以選擇改變它或接納它。何必把它變成煩惱？何必把任何事情都變成煩惱呢？生命挑戰夠多了，何必再自尋煩惱呢？心智喜歡製造煩惱，因為煩惱可以增加小我的份量。這是很常見的，但也是病態的。「有煩惱」意味著你遇到不順遂的處境，卻沒有真正下定決心面對它，或是目前暫時無法處理它，於是你便不自覺地用它來界定自我。你被人生的處境嚇到了，以致失去了對生命的覺知，對本體的覺知。滿腦子想著千百種你未來也許可以採取的行動，卻忘記有件事是你當下便**可以**去做的。

製造了一個煩惱，也就是製造了一份痛苦。想改變這種情況，需要的只是簡單地下定決心：無論如何，都不再為自己製造更多痛苦、更多問題。雖然這是個簡單的決定，卻也是極不容易的。通常，人們除非受盡痛苦的折磨，否則無法痛定思痛，下定決心。通常，人們除非汲取到當下的力量，否則也無法持之以恆。假如你不再為自己創造痛苦，自然也不會帶給別人痛苦，不會污染這顆美麗的地球、你的內在空間以及人類的集體心智。

面對生死交關的危急處境，你不會視之為煩惱。此時，你的心智沒有時間製造煩惱的假象。面對真正的危急，心智會停止思考，而你將全然地臨在，那時，一種比心智更強大無比的力量將接管一切。這也是為什麼我們常聽到，有些平凡無奇的人，突然之間變得不可思議的勇敢。生死交關之際，不是生，就是死，無論哪一個都不是煩惱。

有些人聽到我說煩惱是假象會感到生氣，這是因為他們的自我備感威脅。他們對那個虛假的自我，投注太多時間心血，多年來，他們無意識地用煩惱和痛苦來界定自己，試問，失去了這些東西，他們的自我還剩下了什麼？

人們所說、所思、所做的事，絕大部分受到恐懼驅策，當然，這是因為他們總把心思放在未來，並與當下失去了連結。其實，就像當下不存在煩惱一樣，當下也不存在恐懼。

如果遇到一個非得馬上處理的問題，你的行動必然清晰而果決，且通常成效不錯。因此，這個行動並非出於受過去箝制的心智所支使，而是出於你對處境的直覺反應。在另外一些情況，雖然心智已唆使你做出反應，但你將發現什麼也不做也許更好，你需要做的只是專注於當下就好。

意識進化的重大躍進

我短暫經歷過你所形容的自由狀態——即擺脫心智和時間的狀態，但過去和未來的力量太過強大了，我很難長時間擺脫它們。

受時間箝制的思維模式已深植於人類心智，但是，我們現在正致力於讓全球甚至更廣闊的宇宙世界的集體意識，發生一種深沈的轉化，而這個轉化可以讓意識從物質、形相、人我分離的幻夢中被喚醒，時間被終結了。我們要打破幾世紀來主宰人類生活的心智模式，這種心智模式一直以來製造了規模大到難以想像的苦難，我不想用「惡」（evil）這個字去形容它，而稱之為「無意識」或「神志不清」會更接近事實。

打破舊有意識或無意識模式的過程，是我們一定要努力的嗎？還是說它將會發生？我是說，這個進化過程是必然的嗎？

這個問題端看你如何看待。努力與發生實際上是相同的，因為你就是集體意識的一員，兩者是無法分割的。但無法絕對保證人類一定會取得成功，這個進化過程不是自動或必然的，個人的合作努力是邁向成功必須的，但無論你怎麼看待，這個進化過程是以量子跳躍（quantum leap）形式呈現，也是人類這個物種可以存活下去的唯一機會。

本體的喜悅

想知道自己是否受到心理時間箝制，有個簡單方法。你可以問問自己：我做這些事，感到喜悅、感到輕鬆自在了嗎？如果沒有，那就表示你的當下時刻已經被時間操控，這讓你感覺生命是種負擔或挑戰。

如果你沒有在做事當中感受到喜悅、自在或輕鬆，並不表示你應該轉而去做別的事，需要改變的也許只是你該怎麼做，「做事方式」是比「做什麼事」更重要的。試試看是否可以更專注於做這件事，不要急著想得到結果，全然地專注在此時此刻正在做的任何事情上。這表示，你也得全然接納它的本然，因為一個人是不可能既全神貫注於某件事，卻又抗拒它的。

一旦你能夠專注於當下，那麼所有不快或勉為其難的感受就會消散，喜悅開始注入生命之流當中。一旦你面對事情，便是對此時此刻保持覺醒，那麼即使最瑣碎乏味的工作，都將因而充滿高尚、關懷與愛的感受。

所以，別把心思放在結果，只管全神貫注於做好手邊的事即可，如此一來，結果自會完美呈現。這是一種強而有力的靈修方法，現存最古老、最優美的靈性指南《薄伽梵歌》，稱這種不執著於結果的靈修方法為「業力瑜伽」（Karma Yoga），形容它是一條通往「神聖的道路」。

當你能夠不再身不由己似地想逃離當下，本體的喜悅（the joy of Being）就會注入你所做的一切。當你將注意力轉向當下，就會感到臨在、寧靜、平安。你不再需要倚靠未來獲致自我實現或滿足感，不再需要倚靠未來獲致救贖。你不再執著於結果，不管成功或失敗，都無法增減你內在的喜悅。你已經在人生處境下，追尋到自己的生命。

沒有了心理時間，你的自我意識將來自本體，而非所謂的過去背景。因此，你渾然自足，別無所求。當然，在現實世界中，你也許還會變得富有、見多識廣或事業成功，但在更深沉的本體向度中，**此刻**你已臻至完整和圓滿了。

在這種圓滿狀態中，我們還能或想要追求外在的目標嗎？

當然會。但你將不再抱有不實的期待，以為在未來會有什麼事或什麼人可以為你帶來救贖或快樂。你身處於人生處境的層次當中，還是會想要達成或得到些什麼，那是個形相（form）的世界，是得與失的世界。然而，在更深沈的層次裡，你已完整圓滿了，正因為你知道，所以無論做什麼，都將充滿喜悅、充滿精力，就像玩個遊戲一樣。擺脫了心理時間的桎梏，追求某些目標時，你將不再患得患失，不再受到恐懼、憤怒、不滿足或想成為誰這些心理的驅策，你將不再因為害怕失敗而裹足不前（對「小我」來說，失敗便是死亡）。當你的自我意識來自於「本體」，當你不再有「想成為誰」的心理需求，那麼你的快樂或自我感都將不再需要依賴外在的結果，也因此無有恐懼。你將不再需要於無常世界（形相世界、得與失的世界、生與死的世界）中追求永恆，你將不再需要依靠某些情境或某些人帶給你快樂，也將不再因為他們讓你失望而難過痛苦。

珍視一切卻又不為事物所牽絆，形相有生有滅，你在形相之外看見了永恆。你將知道，「凡真實的，必不受威脅。」〔註3〕

當這就是你的「本體」狀態，你怎麼會不成功呢？你已經成功了。

3 摘自《奇蹟課程》前言部分。

第四章

心智用以逃避當下的策略

失去當下：假象的核心

即使我完全接納終究時間是個假象，這對我的生活有何差別呢？我還是得活在這個世界裡，完全受時間支配。

如果你只是理性上同意這個觀點，那它就只是另一個信念，不會為你的生活帶來任何改變的。要真正體會這個真理，你得去實踐它。當你身體的每個細胞都因為活在當下而歡欣鼓舞，當你在每一瞬間都感受到本體的喜悅，那你就真的擺脫了時間的桎梏。

但我每個月底還是得繳交各種帳單，我還是會像其他人一樣老去、死去。所以，我怎麼可能擺脫時間的桎梏？

月底的帳單不是問題，肉體的衰老也不是問題，失去當下才是問題。換句話說，把某個處境、某件事件或某種情緒當成煩惱，才是真正的假象。失去了當下就是失去了本體。

擺脫時間就是擺脫對過去和未來的心理需求，你不再依靠過去來界定自我，也不再依靠未來來獲得自我滿足，這是最深刻的意識轉化。在極罕見的例子裡，這種轉化徹底且富戲劇性地全然發生，一次就成功。通常，會出現這種情形，都是因為當事人經驗到極為強烈的痛苦，他不得不完全臣服，也因而導致轉化的發生。然而，多數人則須付出努力，才有所獲。

當你曾短暫經歷無時間狀態，之後，你將開始在時間和臨在的兩個向度之間來回擺盪。首先，你將意識到，自己可以專注於當下的時間真是少之又少。但能夠覺知到自己有無臨在，就已經是重大的突破了，因為這種覺知本身就是臨在，哪怕它也許只有短短幾秒。接下來，你將愈來愈常**選擇**將注意力集中在當下此刻，而非過去或未來，並且當你每次意識到自己沒有專注於當下時，你已經在當下了。就「時鐘時間」來看，這個維持在當下的時間不只有幾秒鐘，而拉得更長了。所以，在你未能持續堅定地讓自己保持臨在之前，也就是說，還未能讓意識充分展現之前，你將於意識清明狀態與無意識狀態、臨在狀態與認同於心智的狀態之間來回擺盪一陣子。你失去了當下，又重拾了它，週而復始，直到最後臨在成為了主導的狀態。

大多數的人們要不就是從未體驗過臨在，要不就是只在極偶然的機會短暫體驗過臨在，卻不知道它在那裡。又或者，他們並非在意識清明與無意識狀態之間擺盪，而只是擺盪於不同層次的無意識狀態之間。

一般無意識與深度無意識

何謂不同層次的無意識狀態？

你可能知道，人在睡眠中會反覆處於做夢和沒有做夢兩種狀態之間。同樣的，大部分人醒著的時候，也都反覆處於「一般無意識」（ordinary unconsciousness）和「深度無意識」（deep unconsciousness）兩種狀態之間。我所謂的一般無意識狀態，是指你認同於思維、情緒、反應、欲望與好惡。大部分人都處於此狀態，受小我支配，對本體渾然不覺。它不會帶給人太大痛苦或不快樂，卻會讓人幾乎不間斷地感到些許的不自在、不滿足、煩悶或神經緊張。身在其中的人也許不會意識到它的存在，因為這些感覺太熟悉，讓人習而不察，就好像冷氣機嗡嗡的聲音，往往只在聲音戛然停止時，才讓人意識到它曾經存在。不過，如果它突然消失，你會有種鬆口氣的感覺。許多人之所以沈迷於酒精、藥物、美食、工作、電視或購物，其實就是想藉此麻醉自己，讓自己感到輕鬆自在。如果適可而止，這些方法確實會讓人暫時放鬆一下，然而，如果過度沈迷，久而久之將會使人上癮，無法自拔。

一旦遇上逆境、自我形象受到威脅、失去摯愛親友，或親密關係陷於破裂邊緣，存乎一般無意識狀態中的不安，就會轉變為深度無意識狀態中的痛苦，使人陷入強烈明顯的痛苦或不快樂當中。它是一般無意識狀態的加強版，本質並無不同，只是強度更強。

處於一般無意識狀態，人們會有煩悶不安或不滿足感，乃是出自對當下的抗拒。到了深度無意識狀態，這種抗拒會熾烈化，產生更強烈的負面情緒，如憤怒、強烈恐懼、攻擊性、沮喪等等。深度無意識狀態的形成，通常意味著你的痛苦之身已被喚醒，意味著你已經認同於痛苦之身。如果不是處於深度無意識狀態，暴力是不會出現的。不過一旦一群人或甚至整個國家形成了集體的負面能量場，暴力輕易就會因而展現了。

意識清明程度最好的指標是，端看你如何面對人生的逆境。如果處於無意識狀態，遇到逆境時，人們將習慣進入更深度的無意識狀態；反之，意識清明的人將變得更加清明。也就是說，逆境可以把人喚醒，也能夠把人拉進更深的惡夢，讓人從一般無意識狀態的淺夢中，進入深度無意識狀態的惡夢中。

如果你平時（如獨自坐在房間裡、在樹林間散步或聆聽別人講話）無法保持臨在，那你就絕對不可能在面對逆境、煩惱或傷心時保持臨在。你會受制於固定的反應模式（通常都是某種形式的恐懼），而被拉進深度無意識狀態。總之，這些逆境是為了測試你，結果端視面對它們時你是怎麼反應的。這些逆境可以讓你和其他同處其間的人知道，你們的意識狀態有多清明，這可不是靠著你能夠閉上眼睛打坐多久，或你們看見了什麼可以決定的。

所以，當日子還算平順的時候，將更多的意識帶入日常生活中是很重要的。一旦這樣做，你臨在的能力會愈來愈強。它可以在你的內在和四周產生一個高頻率振動的能量場。沒有任何的無意識、負面情緒或暴力心態，可以穿透這個能量場而不被摧毀，一如黑暗無法在光的照耀下還能繼續維持。

當你學會觀察自己的思維和情緒（這是臨在的重要部分），你就會意識到一般無意識狀態所帶來的隱約不安，並訝異於你真正安適自在的時候何其稀少。在思維的層次裡，你會發現，你運用了大量的價值判斷、不滿足和心智投射來抗拒當下；而在情緒的層次裡，你則察覺到煩躁不安、緊張、煩悶像底流般自你心裡流過，這兩者皆是心智習慣性抗拒模式的不同展現。

他們在尋覓什麼

容格（Karl Jung）在其書中曾寫道，有位印第安酋長告訴他，在他印象中，大多數的白人神情緊繃、眼神貪婪，而且行為粗暴。他還說：「他們總是尋尋覓覓，不知在尋覓什麼？白人總是缺了些什麼似的，總是焦躁不安。我們不曉得他們要些什麼，在我們眼裡他們就像瘋子。」

當然，早在西方工業文明興起之前，這種焦躁不安早就存在了，如今西方文明主導了整個世界，包括大部分的東方世界，在這樣的背景下，焦躁不安的情緒更史無前例地變得高昂。早在耶穌時代、佛陀時代，甚至更早以前，人類就備受深沈的不安困擾。耶穌問門徒：「你們哪一個能用思慮使壽數多加一刻呢？」佛陀則教導世人，苦的根源在於無止境的渴求。

抗拒當下是人類的一種集體失調，它與失去對本體的覺知，以及形構缺乏人性化的工業文明關係密切。順帶一提，佛洛伊德（Freud）也認識到這個潛藏於人類心底的不安，並寫下《文明及其不滿》（*Civilization and It's Discontents*）一書。但他並不明白這煩躁不安的真正根源，也不明白擺脫它是有可能的。現代人的集體失調形構出一個非常不快樂及充滿暴力的文明，不僅威脅到人類本身的生存，也威脅到地球上所有的生命。

瓦解一般無意識狀態

那我們要如何擺脫這種困境？

把它帶到意識層面來，觀察內心生起的煩躁不安、不滿足和緊張，觀察你是如何抗拒本然和否定當下。任何無意識的東西都將在意識之光的照耀下瓦解，一旦你懂得怎樣驅散一般無意識狀態，你的臨在之光便會更為明亮，讓你對付深度無意識狀態時更輕鬆容易。

不過一開始，一般無意識狀態並非那麼輕易就可察覺，我們對它太習以為常了。

所以，我們應該養成自我觀察的習慣，隨時監測自己的心理—情緒狀態。經常問自己：「我此刻安適自在嗎？」或問：「此刻我的內在有何動靜？」至少讓自己保持對內在的關心不亞於對外在的關心。只要內在沒問題了，外在自然就會井然有序。內在是第一層的實相，外在只是第二層包裹於外的表相。但是在問了自己這些問題之後，別急著馬上回答。首先關注你的內在，仔細觀看你內在的自我。你內心正在想什麼？你有什麼感覺？之後再轉而關注你的身體。身體哪裡覺得緊繃？一旦察覺到些許的不安，試著觀看自己正在用什麼方法迴避、抗拒或否定生命。人們抗拒當下時刻的方式不勝枚舉，我稍後會舉例說明。持續這樣練習，你的自我觀察以及監測內在狀態的能力，就會愈來愈增強。

從不快樂中解脫

你討厭手邊的工作嗎？你答應了別人要做這件事，卻又不情不願嗎？你對某個親近的人心懷怨忿卻沒說出來嗎？你知不知道，這些情緒是有害的能量，會損害自己和周遭的人嗎？仔細往內觀看，有任何或甚至一點點的怨恨、不情願的情緒嗎？如果有，請從心智與情緒兩個層面來觀察它。對於這樣的情境，你的心智是怎麼想的？而你的身體對這些想法又有哪些反應？請感受一下這些情緒。你有快樂或不快樂的感覺嗎？這是一個出於自己**選擇**才擁有的能量嗎？你**真的**有選擇嗎？

說不定你被利用了，說不定你手邊的工作真的很乏味，說不定讓你討厭的那個人真的很惹人厭，但這一切都不重要。不管你對此情境所產生的想法或情緒是否有理，都沒差別。事實是，你正在抗拒本然，你把此時此刻當成了敵人，你製造了不快樂，並在內在與外在之間製造了衝突。你的不快樂不只污染了自己和周圍的人的內在，也污染了與你不可分割的人類集體心智。地球的污染只是內在心智污染的外在反映，是百萬個無意識的個體未對自己內在空間負責的結果。

此時，你可以選擇停下手邊的工作，向對方說出你的感受；也可以選擇擺脫你的負面情緒，接受手邊的工作。負面情緒是毫無意義的，唯一的用處是增強你的虛假自我。負面情緒從不是處理任何問題的上策，多數時候，它只會讓你陷在問題裡，真正的改變因而無法發生。任何在負面能量下所做的事都會受其污染，假以時日只會產生更多的痛苦、更多的不快樂。此外，任何負面的內在狀態都具傳染性，也就是說，不快樂的情緒比身體疾病更容易傳染給別人。透過共鳴原理，它將引發及餵養別人潛在的負面情緒，除非對方有著高度的覺知而能對其免疫。

你正在污染世界還是清理垃圾？你必須對自己的內在空間負責，沒人能代替你，就像你必須對這個地球負責一樣。如果人類能夠清理內在的污染，自然就可以停止製造外在的污染。

我們該如何擺脫負面情緒？

甩掉它。你如何甩掉手中燒燙的木炭？你如何甩掉一件沈重而無用的行李？因為你體認到自己不想再承受更多痛苦或繼續揹負重擔，所以願意丟掉這一切。

深度無意識狀態（例如痛苦之身），或其他極度的痛苦（例如失去摯愛），通常需要透過接納以及你的臨在之光（持續的專注），才能成功地轉化。另一方面，要擺脫一般無意識狀態就顯得容易多了。只要你明白自己不想要或不需要什麼，知道自己不是個只會做反射動作的傀儡。這意味著你汲取了當下的力量，沒有這力量，你就無法做出抉擇。

你把一些情緒稱為負面情緒，但這樣的話，不也是陷入了好壞二元化的思維模式嗎？

不，在更早之前，當你的心智判斷當下時刻為壞的時候，這個二元性便已產生的，正是這個價值判斷帶來了負面的情緒。

但如果你聲稱某些情緒是負面的，不就表示這些情緒不該存在嗎？但如果我理解無誤，你一直都教導我們，應該讓任何情緒如實呈現，不去判定它的好壞。所以，感到怨恨沒什麼不妥的，感到憤怒沒什麼不妥的，因為不這樣的話，我們就會陷入壓抑、內在衝突和否定當下之中。任何如實呈現的東西皆無不妥。

當然。當某種心智模式（某個情緒或反應）出現時，請接受它。你的意識還不夠清明，無法有所選擇。這不是在評斷什麼，而是一個事實。假如你**可以**選擇，或知道自己真的可以選擇，你會選擇痛苦還是快樂？自在還是不安？平靜還是衝突？你會選擇一個讓你脫離美好存在的自然狀態，或是脫離生命內在喜悅的想法或情緒嗎？我把一些情緒稱為「負面」情緒，並不意謂著「你不該有那樣的情緒」，我只是平實地陳述出它是負面的，就像說「我覺得胃不舒服」這樣。

你相信嗎？光是二十世紀，人類就殘殺了超過一億個同胞。人類以如此驚人的規模將痛苦加諸於他人身上，相當匪夷所思。而這還沒加上日常生活中，人類將心理的、情緒的以及行為的暴力，將折磨、痛苦和殘暴，不斷加諸於彼此或其他帶有感情的生靈身上。

人類是在進入到內在本質或感受到生命喜悅才會這麼做的嗎？當然不是，只有陷入了深度負面狀態的人，只有對自我感受其差無比的人才會這麼做。他們創造了如此的實相，適足以反應他們自己的內心世界。現在這些人變本加厲，不斷摧毀維繫他們生命的自然和地球。相當難以置信，卻是真實的，人類是如此瘋狂，如此病態，這絕對不是批評。不過，瘋狂的底下，其實潛藏著清醒的神智，療癒和救贖此刻唾手可得。

回到剛剛的問題，沒錯，當你接納了自己的負面情緒，就不會盲目地強迫自己將它發洩出來，也比較少會把痛苦轉移到別人身上，但我懷疑你說的「接納」只是自欺之詞。當你這樣練習一陣子之後，你將向下一個階段邁進，屆時負面情緒將不再被創造。如果不是這樣，那就表示你只是用「接納」來掩飾，好讓你的小我可以繼續沈溺於不快樂之中，好強化你與他人的分離感（separation）。正如你所知道的，分離感乃是小我認同的基礎，真正的「接納」，將同時把負面情緒一起轉化。要是你真的認為一切都「沒什麼不妥」（這是你的用語），這當然是真的，那麼一開始你還會出現這些負面情緒嗎？只要不去評斷，不去抗拒本然，負面情緒根本無從產生。你的心智告訴自己：「沒什麼不妥。」但內心深處卻不真的這樣認為，以致貫有的抗拒模式照常運作，也因為這樣你覺得不太好受。

不好受也沒什麼不妥的。

你是在保護自己可以擁有無意識、擁有受苦的權利嗎？別擔心，沒人會把它們從你身上搶走的。當你知道某種食物會讓你吃了反胃，你還會繼續吃它，並覺得反胃也沒什麼不妥的嗎？

何時何地，全然安住

你可以多舉些一般無意識狀態的例子嗎？

觀看自己是否經常抱怨，抱怨你的處境、抱怨別人、抱怨你的人生際遇，甚至抱怨天氣。抱怨通常就是不接納本然，它必然帶著無意識的負面能量。當你開始抱怨，你讓自己變成了受害者；然而，當你大聲說出自己的感受，你讓自己照自己的意思這麼做。所以，藉由採取行動，或大聲說出你的感受（假如有所需要或可能的話），扭轉目前的逆境。你要不逃避問題，要不接納它，其他一切做法都是不智的。

通常某些情況下，一般無意識狀態會與抗拒當下有所關聯。當然了，除了「此時」（now），當下同時也是「此地」（here），你正抗拒此時和此地嗎？有些人總是不滿現狀，總是嫌棄「此地」不夠完美。透過自我觀察，看看是否你也如此。無論你身處何處，請全然安住。如果你覺得「此時此地」讓你無法忍受，讓你覺得不快樂，那你有三種選擇：離開它、改變它，或接納它。如果你想為自己的人生負責，務必擇一而行，而且要在當下做出抉擇。然後接受選擇所帶來的結果——沒有藉口，沒有負面情緒，沒有心智污染，保持你內在空間的清潔。

如果你決定採取行動，離開或改變你的處境，請先擺脫負面情緒，盡可能完全擺脫它們。透過洞察應該如何行動之後而採取的行動，會比受到負面情緒驅動而採取的行動來得有效。

通常，採取任何行動都比什麼也不做來得好——若你久困於一個不快樂的處境，那就更該如此。即便行動失敗，仍可以從失敗中學習。如果什麼也不做，那就什麼也學不到。不採取行動是因為恐懼嗎？如果是，那就承認它，觀察它，專注它，全然臨在時也帶著它，如此一來，便可斬斷恐懼與你的思維之間的連結。**不要讓恐懼升起並進入你的心智當中**，利用當下的力量，這樣，恐懼就無法得勝。

假如真的沒有任何事情可以改變你的此時此地，而且你也無法走出逆境，那麼就放下內在的抗拒，全然接受你的此時此地吧。如此，那個對自己感到痛苦、憤怒及抱歉的自我，那個虛假的、不快樂的自我將不復存在，這就是臣服。臣服不代表懦弱，實則需要更大的勇氣，願意低頭的勇士才真正擁有靈性的力量。臣服了，你的內心將不再受此情境影響，接著，你可能發現原來改變自己的處境是不需要花費多大心力的。無論面對何種處境，你都自由了。

再者，有什麼是你「該做」而沒做的嗎？有的話就站起來，馬上去做。或者是，在此刻全然接納自己是沒有行動力的、懶散的和無所事事的。如果你選擇如此，就請全盤地接受，並享受這樣的狀況，盡可能的懶散和無所事事。如果你是自覺地、全盤地接受這樣的自己，很快地你就可以走出來。就算沒有走出來，你也不會覺得內在有所衝突、抗拒，也不會出現負面的情緒。

你經常感到神經緊繃嗎？你是否總是忙於追趕未來，以致讓當下淪為達成未來目標的過渡階段？神經緊繃是因為你身在「這裡」心卻惦記著「那裡」，或是身在當下卻期盼來到未來。如此一來，你和你的內在將被分裂開來，製造並生活在這種分裂狀態之中是錯亂瘋狂的。事實上，每個人都這樣做，但並不表示這不瘋狂。如果你需要，你當然可以加快步伐，甚至用跑的，但不要把自己投射到未來，也不要抗拒當下。不管是走路、工作還是奔跑，全神貫注吧。享受能量在當下的流淌，這樣，你將不再神經緊繃，不再感到自我分裂為二。你也可以什麼都不做，只在公園閒坐，假如這樣的話，請觀察你的心智，它也許會這樣說：「你該去做事的。你是在浪費時間。」你笑而不答就好。

你常回憶過往嗎？你喜歡誇耀過去的成就或冒險經歷嗎？你喜歡抱怨別人如何對你不好或你哪裡對不起別人嗎？回憶往事的時候，罪惡、驕傲、怨恨、憤怒、悔恨或自憐等感受會出現嗎？如果會，那你不只強化了虛假的自我意識，還加速了身體的老化過程，因為龐雜的過去對心智來說是如此地沈重。如果你不相信，環顧周遭那些總把往事掛在嘴邊的人，你就會知道了。

每一刻都讓過去就此消逝，你並不需要它，唯有在它與當下時刻有著絕對相關時才去回想它。充分感受此時此刻的力量和本體的豐盈，感受你的臨在。

你會擔心嗎？你常杞人憂天嗎？如果會，那就表示你認同於心智，而它將自我投射到一個虛構的未來，製造出諸多恐懼。未來是你無法應付的，因為它並不存在，它只是心智的幻影。若想停止這種為害健康和生命的錯亂情形，承認當下時刻吧。觀想呼吸，感受氣息從你的身體流進流出，感受你內在的能量場。真實生活中，你需要面對的只是**此時此刻**。問問自己，此時此刻有任何讓你苦惱的「問題」嗎？此時此刻有什麼不對勁的嗎？你總是可以應付當下，但不可能也沒有必要應付未來。答案、力量、正確行動和所有的資源全在當下，不在之前，也不在之後。

「有一天我一定要成功。」你常說這句話嗎？達成目標是否讓你費盡心思，以致當下時刻被你視為只是實現目標的過程？你是否總是等待著新生活的展開？如果是，那不管你獲得了什麼或達到了什麼，將永遠抱怨當下不盡人意，永遠覺得未來會更好。「有一天我一定要成功。」這是你讓自己永遠不滿足和不圓滿的最大障礙，同意嗎？

你習慣於「等待」嗎？日常生活中，你花多少時間在等待？等待可以分為兩種，一種是「小等待」，一種是「大等待」。在郵局排隊、塞車、候機、等人、等下班，這些都是「小等待」；等下一次的長假、等一份更好的工作、等小孩長大、等成功、等賺大錢、等成為重要人物、等成為開悟的人，這些則是「大等待」，許多人還花上一輩子等著新生活的「開始」。

等待是一種心智的狀態，基本上它表示你嚮往未來卻不喜歡現在。你不喜歡已經擁有的，希望得到你沒有的。無論是哪種等待，你都不自覺創造了許多衝突：此時此刻與未來的衝突，你所在之處與你嚮往之處的衝突。你讓自己失去了現在，那麼你的生活品質也將為之大大降低。

努力改善自己人生處境並非錯事，人生處境是可以改善的，但你無法改善你的生命。生命是主要的，是你最深沈的內在「本體」。它原本圓滿、完整無缺。人生處境是由環境和過去形構而成的，好壞並無定論。設定目標並努力取得成功本無不妥，但當你誤認這些目標就是生命、就是本體，便大錯特錯了。如果這樣做，那你就像個本末倒置的建築師，花費大量時間建構地面上的建築物，卻不管地基是否穩固。

例如，許多人都期待發大財，但那是無法在未來獲取的。唯有珍視、肯定和完全接納自己此刻的實相——你是誰、你在哪裡、你正在做什麼，唯有全然接受自己所擁有的，感激擁有的這些，感激本然，感激本體，也就是，感激當下時刻以及**當下生命**的豐盈，你便擁有了真正的富足，它是無法在未來獲取的。

假如你不滿足於目前擁有的，或甚至因為自己目前的匱乏感到挫折或憤懣，你可能因此產生動力讓自己更有錢，不過即使你已經成為了百萬富翁，內心深處還是會覺得匱乏，覺得不圓滿。金錢也許可以讓你買到許多快樂，但這些快樂總是稍縱即逝，無法填補你的空虛，因而需要再度尋求肉體和心理的滿足。你無法安住於本體，感受生命的豐盈——其實那才是真正的富足。

拋棄等待的心智狀態吧，一旦發現自己陷入等待的狀態，馬上跳出來，回到此時此刻，純然活在當下，享受當下。如果你臨於當下，那就沒有什麼是你需要去等待的。所以，下次有人對你說：「抱歉，讓你久等了。」你應該回答：「別放在心上，我沒有在等，我只是站在這裡，自得其樂——享受我內在的喜悅。」

上面說的只是一些心智慣於用來否定當下此刻的模式，一些一般無意識狀態的例子。人們太習慣它們的存在，而往往視而不見。不過，經常練習觀察自己的心理－情緒狀態，將愈容易發現自己被過去和未來困住，換言之，是被無意識狀態困住，也因此愈容易從時間的假象中清醒過來，臨於當下。謹記，不快樂的小我是活在時間裡的，它知道自己無法存活於當下時刻，因此備感威脅，它會竭盡所能把你誘離當下，千方百計讓你受困於時間之網中。

人生旅程的內在目標

我明白你所說的道理，但我仍然相信，人生旅程必須有所目標，否則將隨波逐流。而目標指的不就是未來嗎？我們要如何讓追求人生目標和活在當下不相互矛盾呢？

當你踏在人生旅途上，知道自己要去哪裡，或至少知道大致方向，當然是很重要的。但別忘了，這趟旅程唯一一件最真實的事，就是此刻即將踏出的那一步，那就是一切了。

人生旅程有一個外在目標和一個內在目標。外在目標就是我們設定的目的地，要抵達目的地，當然需要未來。但如果你把目的地看得比你在當下踏出的這一步更為重要，並且讓它佔據太多的心思，你將完全忘記了人生的內在目標，這個目標與你要去**哪裡**或正在做**什麼**完全無關，只跟你**怎樣**做每件事有關。它與未來無關，而與你在當下做任何事時的意識品質有關。外在目標位於時空的水平向度上，內在目標則位於當下的垂直向度上，後者關注的是如何深入你的本體。你的外在旅程也許需要百萬步才能完成，但你的內在旅程只需一步：你此時此刻踏出的一步。當你可以更深入地感受這一步，你將明白，這一步業已含括所有其他的腳步，甚至含括了目的地本身。它把你帶入本體，本體的光芒將會透過它閃現。這就是內在旅程的目標和實現，是一趟回歸自我的旅程。

這麼說來，我們是否能實現外在目標，是否能成功，並不重要？

外在目標只在你尚未實現內在目標時才顯得重要。等到你實現了內在目標之後，追求外在目標將變成遊戲，如果覺得好玩，不妨繼續玩下去。一個人有可能臻至內在目標卻無法實現外在目標，但也有可能相反（這種情況更為常見），他變得外在富裕而內在貧窮，如耶穌所說：「人若賺得全世界，賠上自己的生命，有什麼益處呢？」嚴格說來，**所有**外在目標都注定是「失敗」的，因為它們全都受到「萬物無常」的定律所制約。你愈早領悟到外在目標不會帶給你持久的圓滿，對你愈重要。當你看出外在目標的局限性，就會放棄不實的期望，不再認為它可以為你帶來快樂；反之，你將讓它成為達成內在目標的一股助力。

過去無法存活於你的臨在之中

你說過，徒勞地回憶或提起過往，是我們逃避當下的一種方法。不過，除了那些我們回憶甚至認同的過去之外，我們的內在是否還潛藏著更深沈的一些過去？我指的是那些制約著我們的無意識過去，包括兒時回憶，甚至前世回憶。此外，還有那些文化帶來的制約，它與我們生在哪個地方和哪個年代息息相關。

這一切決定了我們如何看待世界、如何反應、想些什麼、和別人相處得如何，以及如何生活。所以，我們如何覺知這一切，如何擺脫這一切？那需要多長的時間啊！即使可

以，那又留下了什麼？

當假象破除了，會留下什麼？

我們無須探究內在所潛藏的無意識過去，除非它在此時以某種思維、情緒、欲望、反應或外在行為展現出來影響了你。此刻所面對的挑戰，將帶領你，讓你明白內在潛藏的無意識過去是如何展現的。如果你縱身跳入過去想一探究竟，它將變成一個無底洞，永無止境。你也許認為，自己需要更多的時間才能認識過去，或擺脫過去；你認為未來終將可以讓你擺脫過去。這是錯覺，唯有當下可以讓你擺脫過去的桎梏。更多的時間都無法讓你擺脫時間的，汲取當下的力量，這就是關鍵所在。

什麼是當下的力量？

也就是你臨在的力量，是你從思維模式解脫出來的清明意識。

所以，應該在臨在狀態下面對過去。你愈專注於過去，便灌注它愈多能量，愈可能從過去當中形塑出一個「自我」。別誤會，專注是件好事，但不要專注於已逝的過去，應該聚焦在現在，觀察自己此刻出現的行為、反應、情緒、思維、恐懼和欲望。過去存於你的內在，如果你能充分臨在，觀察所有這一切，不帶任何分析或褒貶，保持中立，那就是運用了臨在的力量面對過去，並找到解脫之道。你無法回到過去找到自我，只能進入當下去發現它。

了解過去，了解為什麼我們這麼做、這樣反應，了解為什麼我們無意識地創造了自己獨特的人生或陷入某種關係模式中，這不是很有幫助的嗎？

當你更能覺知當下的實相，就有可能突然洞知自己為何會有那些受制約的行為模式，例如，為何你的情感關係總是按照某種模式發展。而你或許也會憶起某些往事，或是把它們看得更為透徹。這樣很好，對你也很有幫助，但並不是最重要的。最重要的是，你有意識地臨在，**它**可以化解過去的問題，它是轉化事物的媒介。所以，不要想了解過去，只要盡可能臨於當下就好。過去無法存活於你的臨在之中，只能在你意識缺席的狀態下找到它的立足點。

第五章

臨在的狀態

它和你所想的截然不同

你一直提到臨在狀態的關鍵性。理性上，我想我了解它是什麼，但我不知道自己是否可以真正體驗它。我不知道，它和我所想的一樣，還是截然不同。

它和你所想的截然不同！臨在非你所能思考，非心智所能了解，認識臨在的唯一方法就是**安住於**臨在之中。

讓我們做個小實驗。閉起眼睛，對自己說：「我想知道下一個想法是什麼。」然後保持警覺，像貓守在老鼠洞口那樣，等待下一個想法的出現。什麼樣的想法會從這個老鼠洞跑出來呢？試試看吧。

結果如何？

我等了許久才等到一個想法出現。

正是如此。當你處於強烈的臨在狀態，就擺脫了思維的羈絆。你是寂靜的，卻又高度警覺。就在你的自覺意識降低到一定程度之後，思維便重新湧入。心智雜音去而復返，寂靜不見了，你再度回到時間的向度裡。

有些禪師為了想得知弟子的臨在程度，會悄悄走到他們背後，冷不防給他們一記棒喝。夠震撼吧！如果該弟子充分臨在並高度警覺，如果他有「把腰束緊，把燈點亮」（源自耶穌說明何謂「臨在」的比喻），就會知道師父走近，馬上避開。但如果被打到，就表示他深陷思維當中、心不在焉，處於無意識狀態。

在日常生活中保持臨在的狀態，可以幫助你深深扎根於自己的內在。否則，有著不可思議動力的心智，它總是蠢動不休，就像急流般推著你往前流去。

你所謂「深深扎根於自己的內在」是什麼意思？

是「全然安住在身體」的意思。請經常將部分的注意力放在身體的內在能量場上，從內在感受自己的身體，對身體有所覺知，可以讓你保持臨在，可以讓你定錨於當下（詳見第六章）。

「等待」的奧義

在某種意義上，臨在狀態與等待有點相似，耶穌在他的一些寓言故事中，就曾以等待為喻。這裡所說的「等待」不是那種百無聊賴的等待，不是那種否定當下的等待。它不會專注於未來的某一點，不會視當下為達成未來目標的障礙。我說的「等待」在性質上和一般的「等待」是不相同的，它需要你完全保持醒覺。任何時刻都可能發生什麼，如果你不是絕對的清醒，絕對的寂靜，就會沒覺察到。這種等待就是耶穌所說的，在這種狀態下，你全神貫注於當下，不再做白日夢，不再亂想、追憶過去或臆測未來。等待時，你不會緊張，不會恐懼，只是保持著警醒的臨在。你整個本體、身上的每個細胞都臨於當下。在這種狀態下，「你」，那個擁有過去和未來的，或說是個性（假如你喜歡這個說法）的你將不復存在。然而，並沒有任何具有價值的東西消失了。你還是你，事實上，你甚至比以前任何時候更接近你自己，或這麼說吧，只在此時你才是真正的你。

耶穌說過：「好像僕人等候主人回來。」僕人不知主人何時返家，所以必須醒著、保持警覺，做妥一切準備，以便主人一到家就上前迎候，不敢怠慢。另一個寓言裡，耶穌說到有五個笨拙的女人（比喻「無意識狀態」），因為沒有準備好足夠的油（比喻「意識」），保持提燈的光亮（比喻「保持臨在」），以致新郎（比喻「當下」）抵達時被摒於門外，無法參加婚禮（比喻「開悟」）。相對地，另外五個聰明的女人準備了足夠的燈油（比喻「有意識」），因而沒有與婚禮失之交臂。

即便《福音書》的作者也不了解這些比喻的深意，所以，從它們被寫下開始，便一直受到誤解和扭曲。人們對它們做出錯誤至極的詮釋，讓它們的真義完全湮滅不彰。其實，這些寓言說的不是世界末日，而是關於心理時間的終結。它們指出了小我心智（egoic mind）的超越，以及活在一種嶄新的意識狀態的可能。

自臨在的定靜中升起的美

你描述的狀態，我偶爾會短暫經歷，通常都是在我獨處和被自然圍繞的時候。

對。禪宗稱這稍縱即逝的體驗為「頓悟」，那是一個無念和全然臨在的瞬間。雖然頓悟不是持久的轉化，但能體驗到仍應心存感激，因為它讓人淺嚐了開悟的滋味。你也許多次經歷過這樣的狀態卻渾然不知，也不知道它的重要性。若想感受自然的美、莊嚴與神聖，臨在狀態是不可少的。你曾凝視過晴朗的夜空，並對其絕對的寂靜和不可思議的浩瀚敬畏不已嗎？你曾聆聽，真正地聆聽過林間山澗的聲音嗎？或是在寂靜夏日黃昏時，聆聽過黑鳥鳴唱嗎？若想感受這些美，心智必須全然靜止。你必須暫時拋開煩惱的包袱，拋開過去與未來，拋開你所有的知識。你需要全然地臨在，否則，你將視而不見，聽而不聞。

在這外在形相之美的表象以外，蘊藏了更多的東西，某些無以名狀、不可言喻的東西，某些深沈、內在、神聖的本質。無論何時何地只要美好事物出現，這種內在本質就會自其間閃耀光芒。它只在你處於臨在狀態才向你顯現，有無可能這無以名狀的本質和你的臨在是相同的呢？有無可能，沒有你的臨在，它仍在那裡？深入它、感受它，自己找出答案吧。

即使你經歷了這些瞬間的臨在狀態，也很有可能不太知道自己已進入了短暫的無念狀態。因為這樣的狀態與思緒流之間的空隙太狹窄了，你的**頓悟**可能只持續幾秒，便因心智介入而被打斷。然而，它已然發生，否則，你不可能經驗到美。心智不認識美，也無法創造美，但就在你全然臨在的幾秒鐘內，美與神聖升起了。但因為這段空隙太窄了，加上你缺乏警覺性，你可能無法分辨出不以思維來覺知美，以及以思維來命名和詮釋美之間的差別。這段空隙小到讓你會以為這只是個過程，事實上，當心智、思維重新介入的一剎那，所有你對美的覺知就成為回憶了。

隨著覺知和思維之間的空隙逐漸拉寬，你內在的深度也會加深，也就是說，你將會更意識到自己是誰。

許多人是如此地受到心智的囚禁，以致從未真正感受過自然之美。他們也許會說：「這花很美。」但那只是人云亦云的機械化反應。他們沒有臨在、沒有寂靜，所以不可能真正看到一朵花，不可能感受到它的本質、它的神聖——一如他們不認識自己，感受不到自己的本質、自己的神聖。

我們的文化是一種受心智主宰的文化，所以除了極少數的例外，大部分的現代藝術、現代建築、現代音樂和現代文學都缺乏美感，沒有其內在本質。創作這些事物的人無法擺脫心智的桎梏，因而從未觸及創造性與美的真正源頭。心智本身只能創造出一些畸形古怪的作品，看看現代的藝術館裡展示了什麼，看看城市和工業區的景觀如何！未曾有過任何一個文明創造了那麼多「醜」的事物。

純意識的展現

臨在和本體相同嗎？

當你意識到本體，本體同時就意識到它自己。當本體意識到它自己，這就是臨在。本體、意識和臨在其實是同義詞，我們大可以說，臨在就是意識到自身存在的意識，或是一種擁有自我意識的生命狀態。但不要執著於文字本身，不要想盡辦法要弄懂這番話。在你進入臨在之前，你不需要知道什麼的。

我真的明白你所說的，但你似乎意味著，本體還不是完美的，它正在經歷一個發展的過程，那上帝也需要一段時間完成自我的成長嗎？

是的，但這只是從已顯化狀態（manifested univerise）的狹隘眼光看來是如此。上帝曾在《聖經》裡宣示：「我是初，我是終，我是活的一（living One）。」在上帝居住的那個無時間之域（同樣也是你我的家），始就是終，終就是始，始與終是合一的，而所有已發生與未發生的事，都存在於永恆的現在，這點，是超乎人類心智所能想像與理解的。在我們這個看似孤立分離的形相世界裡，無時間狀態的完美乃是一個不可能的觀念。在我們的世界裡，就連意識（從永恆「源頭」所發出的光）看來也要經歷發展才能臻至完整，但這是從我們狹隘的觀點來看的，從絕對的觀點來看，卻非如此。不過，目前且讓我繼續往下談論意識在世界裡的演化吧。

萬事萬物皆有其本體，有其神性（God-essence），有其一定程度的意識。即使是石頭也存有著淺薄的意識，否則，它的原子和分子將四散分離，這塊石頭也就無法存在。一切都是活的，太陽、地球、植物、動物、人類，都是不同程度的意識的展現，都是以形相的方式顯化（manifesting）的意識。

當意識以形狀與形相（包括思想形相與物質形相）展現時，世界就產生了。看看單是地球上就有多少的生命形相，海裡游的，陸上走的，天空飛的，每種生命形相複製了數百萬次，它們為何存在？它們是誰用來遊戲的棋子嗎？印度古代先知問了這樣的問題。他們將世界看成「萊拉」（lila），即上帝玩的一個神聖遊戲。顯然的，在這個遊戲當中，個別的生命形相並不是太重要，例如，有些海中生物從生到死不過幾分鐘。人的壽命其實也很短暫，旋即化為塵土，像是從未存在過一樣。這是一齣上帝導演的殘忍悲劇嗎？當你為每種形相虛構一個獨立的自我，當你忘了每種形相的意識都是神性的自我展現，那才會是一齣悲劇。不過你是不會明白這個道理的，除非你能認識到自己的神性本質就是純意識（pure consciousness）。

假如有條魚在你水族箱裡誕生，你為牠取名為約翰，給牠一張出生證明，告訴牠牠的家族史，兩分鐘之後，牠被另一條魚吃掉，這是一齣悲劇。然而，這之所以會是悲劇，純粹是因為你替牠虛構出一個獨立的自我。萬物的生死本是無常的，是你在此生死動態過程中捕捉到其中一段，形塑出這樣一個孤立的實體。

意識披上了各種偽裝形相的外衣，但這些形相後來愈來愈複雜，以致意識在其中完全迷失了自己。今日的人類，其意識已全然認同於這些偽裝的形相。意識視自己為那些形相，所以滿懷恐懼，害怕這些生理的和心理的形相終有一天會灰飛湮滅。這是小我在作祟，也是心智失調所致。現在看來，意識就像在演化過程中出了重大的錯誤，然而，就連這錯誤也是「萊拉」的一部分，是上帝的遊戲的一部分。它是意識自我實現的必經階段，因為由顯而可見的失調引發的巨大痛苦，終必逼使意識從形相的幻夢中覺醒，繼而擺脫對形相的認同。它會重獲自我意識，進入到比迷失之前更深沈的層次之中。

耶穌曾以「浪子回頭」的寓言比喻過這樣的過程：一個兒子要求父親分家，然後離家遠去，任意揮霍，最後錢財散盡而流落街頭。飽經飢寒的折騰後，他回家懇求父親原諒，父親不但沒有嫌棄他，反而比從前**更愛他**。這個迷途知返的兒子與從前的他是同一個人，但又不是了，他的人生深度更深了。這個寓言描述的，就是從完美的無意識狀態，到失去和墮落，再回到意識完整的整個過程。

你現在了解到做為心智的觀察者，處於臨在狀態其更為深廣的意義了嗎？每當你觀察心智，你就是將意識從這些心智形相中抽離，它成了觀察者或見證者。慢慢地，這個觀察者將愈來愈強，心智的形式結構將愈來愈弱。當我們這樣談論觀察心智之際，我們是將一件深具宇宙意義的事情擬人化了：透過你，意識從認同於形相的幻夢中清醒過來，從形相中抽離出來，這預示著一個未來可能發生的事件，那就是世界末日。（譯註：「世界末日」是基督教的概念，作者藉此比喻全宇宙意識的覺醒和形相世界的「終結」。）

當意識不再認同於生理形相和心理形相，它變成了所謂的純意識或開悟意識，或臨在。這已發生在一些人身上，而且似乎用不了多久，將會有為數更多的人也是如此，雖然沒有絕對保證一定會發生。目前，大部分人類仍受到小我所箝制，即認同於心智並受心智掌控，如果不能及時擺脫心智的掌控，將為其所摧毀。他們將愈來愈迷惘，愈來愈暴力、絕望和瘋狂。小我心智（egoic mind）就像一艘正在沈沒的船，如果你不離開，就會跟它一起沈入海底。集體的小我心智則是地球上有史以來最危險和瘋狂的東西，如果人類意識依然故我，這地球將發生什麼不難想見。

對多數人類來說，唯一能從心智的桎梏中稍作歇息的時刻，乃是他們退回到低於思維的意識層次，一如入夜時的沈睡狀態。但某種程度上，這也能透過性愛、酒精或嗑藥來達到，因為這些東西抑制了過度活躍的思維。若不是靠著酒精、鎮靜劑、抗憂鬱藥品和各種非法藥物（它們現在的消費量大得驚人），人類心智錯亂的程度大概會比現在嚴重十倍。

我相信，要是禁絕了這些東西，將會有更多比例的人變成危險分子，危及自己和他人的安全。當然了，這些藥物只會讓人更深陷於失調狀態，無法自拔。濫用它們只會延後舊有心智結構瓦解的時間，也延後了更高意識展現的時間。雖然嗑藥可以讓人暫時擺脫日復一日來自心智的折磨，卻也讓人無法擁有足夠清明的意識，無法超越思維，得到真正的解脫。

人類的遠祖，還有動物和植物，都是生活在這種低於思維的意識層次，但退回到此意識層次並不是最好的選擇。沒有回頭路了，如果人類想要存活，他們的意識就得進化到下一階段不可。意識在宇宙中已經進化出億兆種形相，所以，對廣大的宇宙來說，即便人類進化不成功也無關緊要。意識的進化是不可逆的，所以即使它無法透過人類來展現，同樣也會透過他種生物形相來展現。不過不爭的事實是，我正在這裡說話，而你們正在傾聽或閱讀本書，這足以反映，新的意識正在這個星球取得了它的一個立足點。

這並非我個人的看法而已。我沒有教導你們什麼。你們就是意識本身，所以你們只是在聽自己說話，這就像東方有句諺語「教學相長」。不管怎樣，語言文字本身並不重要。它們並非真理，只是指向真理的手指。我以臨在的狀態和你們說話，希望藉此帶領你們進入臨在。當然了，我所用的語言文字都有其歷史和過去，但是我現在告訴你的這些語言文字，承載了臨在的高頻率能量，與它們字面上的意義不盡相同。

靜默（silence）是更能傳送臨在能量的載體，所以，當你閱讀本書或傾聽我說話的時候，請注意存在於字詞之間或底下的靜默，注意這些空隙。無論身處何處，傾聽靜默乃是進入臨在最簡單直接的方法，即使是噪音大作之處，你也能在這些聲音之間或底下找到靜默的。傾聽靜默可以在你的內在創造寂靜（stillness），而寂靜就是臨在，就是擺脫了思維形相的意識。現在，你可以試著在生活中將我們談論的一切實踐看看。

基督：你神性臨在的本質

別執著於任何文字，如果喜歡，你大可用「基督」（Christ）來代替「臨在」。「基督」就是你的「神性」（God-essence）。「基督」和「臨在」的唯一差別在於，前者是指你固有的神性本質，無關乎你是否自覺到這本質；「臨在」則是指你**喚醒**了這神性或佛性。

許多關於基督的誤解或錯誤信念，將清楚澄清人們是否已了解到基督是沒有過去或未來的。說基督**過去如何**或**未來如何**，乃是語言上的自相矛盾。耶穌才是活在過去的人，他生活在兩千年前，是一個實現了自己神性臨在（divine presence）、自己如如本相的人。所以他才會說：「還沒有亞伯拉罕，就有了我。」（Before Abraham was, I am）而不是說：「亞伯拉罕出生以前，我已然存在。」（I already existed before Abraham was born）如果他這麼說，那將表示他還活在時間與形相的向度裡。他在一個以過去時態開始的語句中，使用了 **I am** 的現在式用語，是為了突顯一個徹底的轉換，一個時間向度的斷裂。就像禪宗的話頭一樣，此話深奧無比。耶穌試著直接的，不透過迂迴的思考方式，道出了臨在的意義。他超越了由時間主宰的意識向度，進入了無時間的領域，一個由永恆向度主宰的世界。當然，「永恆」二字指的不是無止盡的時間，而是時間根本就不存在。以此，人子耶穌成為了基督，成為了純意識的載具。在《聖經》中，上帝是怎樣定義自己的？上帝說過：「我是昔在，我是永在」嗎？當然不是，那將會讓過去和未來變為實相。祂是這麼說的：「我就是我在。」（I AM THAT I AM）沒有時間，只有臨在。

所以，所謂的基督「再臨」，並非真的是說基督有朝一日會再次從天而降，而是比喻人類意識的轉化：從時間轉向臨在，從思維轉向純意識。如果未來「基督」會以人的形相再度歸返，那他又怎麼可能這麼說：「我是真理。我是神性臨在。我是永恆生命。我在你之內。我在這裡。我是當下。」

別把基督人格化，別把基督形相化。舉凡飛天（avatars）、聖母（divine mother）或靈性導師，他們少數而真實，不以特定的人的模樣呈現。因為沒有虛假自我需要支撐、防衛或餵養，他們比常人更簡樸、更平常。有著強大小我的人，會覺得他們很不起眼，甚至對他們視而不見。

如果你能受到已開悟的靈性導師吸引，那反映出你本身擁有足夠的臨在，因而能分辨出別人的臨在。許多人認不出耶穌或佛陀，一如許多人經常會被假的靈性導師吸引。小我會被更大的「小我」吸引，黑暗認不出光，唯有光能認出光來。別相信光來自於你之外，或只能以某一特殊形相顯現。如果只有你的靈性導師是道成肉身的上帝，那你又是誰？任何排他性都是認同於形相的，也就等於認同於小我——不管它多會偽裝。

請利用導師的臨在，反映出我們的如如本相，讓自己的臨在更為充足。這樣很快地，你將會發現沒有所謂「你的」或「我的」臨在，臨在是「合一」的。

團體共修可以強化你的臨在之光。一群人臨於當下聚在一起，可以產生極為強烈的集體能量場，如此，不只可以提升每個成員的臨在程度，也能幫助人類的集體意識擺脫心智的支配，這將使每個人更容易進入臨在狀態。然而，除非團體中至少有一個成員進入了全然的臨在狀態，否則小我很可能見縫插針，破壞了整個團體的努力。雖然團體共修如此珍貴，但單靠它是不夠的，你不能依賴這種方法。此外，你也不能依賴師父或導師，除了你目前是在學習臨在的意義及練習的過渡階段。

第六章

內在身體

本體是最深沈的自我

你說過，深深扎根於自己的內在或身體是無比重要的，對此你可以多做解釋嗎？

身體是通往本體的入口，現在，讓我們更深沈地進入本體吧。

我仍不是十分理解你所謂的本體是什麼？

魚如果可以思考，大概也會問：「你所謂的『水』是什麼意思？我不明白。」

請不要企圖去理解何謂「本體」，我們都業已瞥見過本體，但心智總喜歡把它塞入一個小盒子，再貼上標籤。這是行不通的，本體不能被當成一種知識看待。在本體中，主體與客體是合而為一的。

超越了名字與形相，你可以**感受到**本體就是永恆的「我本是」（I am）。感受到它，你因而知道自己**在**哪裡，並安住在這個深深扎根於內在的狀態，這就是開悟，就是耶穌所說那個可以讓你得到解脫的真理。

從哪裡得到解脫呢？

從**假象**中得到解脫，不再認同於肉體與心智。這種佛陀所說的「我執」，是人們最根本的錯覺。從**恐懼**中得到解脫，恐懼有千百種形式，但無一不是錯覺的必然結果。從**罪**（sin）中得到解脫，只要被罪的錯覺支配你的想法和行為，你就會不自覺持續將痛苦加諸於自己和他人身上。

超越語言文字

我不喜歡「罪」這個字，它暗示著我正在被審判和定罪。

我可以理解千百年來，由於人們的無知、誤解和意欲控制，許多語言文字（包括「罪」這個字）都被誤解和錯誤詮釋，儘管如此，它們本質上仍蘊含著真理。如果你不能超越字面上的意義，不能直接領悟其真正的意涵，那就不要使用它們，不要讓自己困在字面意義的層次。文字不過是個工具，它是抽象的，就像路標一樣，它是指向自身之外。「**蜂蜜**」這個字本身並不是蜂蜜。你可以隨自己喜愛研究和討論蜂蜜，但如果沒有嚐過它的滋味，將永遠不知道它是什麼。嚐過它的滋味之後，「蜂蜜」這個字對你便不再那麼重要了。同樣的道理，你可能一輩子都談論或思考著上帝，卻不知道它所指為何，甚至不曾一瞥其背後的實相，這就和執著於路標，執著於一個心理偶像沒什麼兩樣了。

反過來說，如果基於某個理由，你不喜歡「**蜂蜜**」這個字，說不定一輩子都不願意去嚐嚐它的滋味。同樣的，你也可能對「**上帝**」一詞十分反感，說不定連帶否定了它所指向的實相，因而讓自己失去了體驗這實相的機會。當然了，這一切都是你認同於心智而導致的。

所以，如果某個文字對你不具意義，那就丟掉它，換個你可以理解的。例如，假使你不喜歡**罪**這個字，不妨用「無意識」或「精神錯亂」取代它，也許可以讓你更貼近文字背後蘊藏的真理。罪這個字確實太濫用了，容易讓人覺得反彈。

我也不喜歡那兩個字詞，聽起來好像我哪裡不對勁了，我還是有被審判的感覺。

你當然有哪裡不對勁，但你並沒有受到審判。

我不是有意冒犯你。但你不是人類的一份子嗎？而人類不是在二十世紀裡就殘殺了超過一億名同胞嗎？

你是說我犯了連帶責任罪？

問題不在犯了什麼罪。只要你無法擺脫失調的心智的控制，就得為人類的集體精神錯亂負部分責任。看來，你並沒有深入了解到人類集體精神錯亂的嚴重程度，如果是這樣，那就請你睜大雙眼，看看恐懼、失望、貪婪和暴力是如此地無處不在，看看人們是如此地將巨大的殘忍和痛苦施加於彼此和地球的其他生物上。你不需要批評，只要觀察就好。那就是罪，那就是精神錯亂，那就是無意識。最重要的是，別忘了觀察自己的心智，從那裡找出精神錯亂的根源。

尋找你那無形無狀而不可摧毀的本質

你說過，認同於生理形相也是陷入假象的部分原因，如果是這樣，那身體又怎麼可能是我們通往本體的入口？

你那看得到、摸得著的身體，並不能把你帶入本體。這個有形有狀的身體只是個外殼，或只是個對於更深沈實相的有限和扭曲的認知。在與本體連結的自然狀態下，你可以時刻感受到這個深沈實相，就像是無形的「內在身體」（inner body），就像是你內在饒富活力的臨在。所以，我說的「安住在身體」（inhabit the body），是指從內在感受身體，感受存於身體之內的生命，從而體認到，你是超越外在形相的。

但這只是內在之旅的起點，這趟旅程將帶你深入一個無比寂靜、祥和卻又擁有無比力量與活力的境界。起初，你也許只是匆匆瞥了幾眼，不過，單是如此，你將開始了解到，自己不是外在宇宙裡的一片無意義的碎片，不是只能過著歡寡愁殷的生活，不是短暫生存後即灰飛湮滅的。透過那些的匆匆一瞥，你將體認到，在外在形相底下，你是與某種浩瀚無邊又神聖無比的事物有所連結的。這事物既不可思議又無法形容，但我接下來還是會試著去形容它。不過，我的目的不是要讓你相信有這樣的事物存在，而是要教導你如何才能親身體驗它。

只要你全然專注於心智，你與本體的連結就會被切斷。此時，你並非在你的身體裡面（大部分人都是如此）。心智吸走了你所有的意識，並扭曲為心智的產物，你將無法停止思考，而強迫自己不斷思考，已成為人類的集體通病。你對自我的所有覺知，皆衍生自心智的活動。這個自我因為不是扎根於本體，所以非常脆弱又非常匱乏，它會製造出恐懼，潛在地主宰了你的情緒。有件真正重要的事情因而遺失了：覺知到深沈的自我，你那無形無狀而不可摧毀的實相。

想覺知到本體，就必須從心智手中奪回你的意識，這是這趟靈性之旅最重要的一個任務，辦到了，你就可以將先前大量被強迫性思維困住的意識釋放出來。有個非常有效而簡單的方法，就是將注意力從思維轉移到身體，如此一來，你就可以感受到那無形的能量場，那賦予你所覺知的肉身生命的能量場。

與內在身體連結

請試著照我說的做做看。初習此法的人，也許會覺得閉上雙眼更有幫助，但假以時日，等你輕鬆自然就可以「安住在身體」，那閉上眼睛就不是必要的了。現在，專注於身體，從裡面感受它。它是活生生的嗎？你的手、你的腳、你的腹部、你的胸膛之中，是否有生命存在？你可以感受到一個微妙的能量場環繞全身，並為每個器官和細胞注入振動的活力嗎？你可以同時感受到你身體所有的部分就是一個單一的能量場嗎？持續幾分鐘專注於感受你的「內在身體」，不要思考，只去感受。你的專注力愈強，你的感受就會愈清晰和強烈。你會感受到每個細胞都變得更活躍，如果你有很強的想像力，甚至會看到自己整個身體正在發光。雖然這種想像對你會有短暫的幫助，但應該更專注於感受上。想像不管多美或多有力量，都已經固化為形相，無法讓你看得更透徹。

感受你的內在身體無形無狀、無邊無界又深不可測，你通常可以愈來愈深入地感受它。假如現階段你還未能感受很深，請專注於你所**能**感受到的，可能你感受到的是手掌或腳掌上微微的刺癢，這已經很不錯了，請專注於這種感受上。你的身體正慢慢甦醒，之後，我們將進行更多的練習。現在請張開雙眼，但持續把若干注意力放在身體的內在能量場，即使是環視房間的那一刻。內在身體是介於外在形相與真實本相（即你的真正本質）之間的門檻，切記勿與之失去聯繫。

透過身體進行轉化

為什麼大多數的宗教都譴責或否定身體？似乎，許多求道者都將身體看成是障礙或惡物。

這就是為何求道者多，而得道者少。

從身體層面來看，人與動物非常相近。兩者的基本身體功能是相同的：感受快樂和疼痛、呼吸、吃喝、排泄、睡覺、求偶與繁殖，還有生與死。就在人類從恩典（grace），從「合一」（oneness）的狀態中落入幻境的許久之後，突然間人類對於自己擁有動物似的身體感到非常困擾。「別自欺欺人，你們不過是動物嘛。」面對這個事實，人類十分震驚，這是個讓人感到不安的事實。亞當和夏娃發現自己赤身裸體時，便害怕了起來，他們很快就反應出自己對動物本性（animal nature）的無意識否認。人類真的很害怕自己會被強烈的獸性攫住，退化到全然地無意識狀態。他們對身體的某些部位和某些功能（特別是性器官和性功能）感到羞恥，並建立了許多禁忌。他們的意識之光還不夠強，不知道如何與自己的動物本性相處，不知道它是如如本相的一部分，甚至不知道如何享受它，更別說深入探索發現其中蘊藏的神性，以及蘊藏於假象下的實相。所以，他們做了自認必須去做的事，他們開始與身體分離。人們現在視自己是**擁有**一個身體，而不知道那是他們本質的一部分。

隨著宗教的出現，與身體分離的情形更嚴重了，人們深信「你不是你的身體」。幾千年來，東、西方無數人試圖透過否定身體找到上帝、救贖或開悟。有些人拒絕感官的感受，特別是性帶來的歡愉，或是採用禁食和其他苦行的方式。有些人甚至認為身體是有罪的，必須施加痛苦去弱化它、懲罰它。在基督教，這種修練法過去稱之為「窒息肉體」（mortification of flesh）。有些人則企圖以進入恍惚狀態或尋求靈魂出竅（out-of-body experience）的方式逃離肉體的禁錮，很多人至今還繼續這樣做。據說連佛陀也曾以否定身體的方式來修練，他經歷了禁食和最極端的苦行六年，卻在放棄這種修練方式之後，才開悟得道。

事實是，從來沒有人透過否定或對抗肉體，或任何靈魂出竅的經驗而開悟。雖然這類經驗十分迷人，可以讓人一瞥擺脫物質形相的自由滋味，但你終將還是得回到身體，因為轉化的重要過程都是在此發生的。轉化是**透過**身體，而不是離開身體才發生的。這也是為什麼一位真正的靈性導師，並不會教人對抗或離開身體，不過，那些被心智蒙蔽的追隨者，倒是經常這麼做。

古代的靈性導師了解身體的重要性，但關於這方面的教導如今只留下隻言片語，如耶穌所說的：「你全身將被光充滿。」或只以神話的方式留存下來，如《聖經》所記載的，耶穌從未離棄肉體，而是帶肉體一起「升天」。今日，幾乎無人能了解這些隻言片語或神話蘊藏的深意，而「你不等於你身體」的說法卻蔚為流行。正因此，無數的求道者得不到靈性上的領悟，成為了永遠的追尋者。

我們是否可能將那些宣揚身體重要性的教導找回來，或是從那些隻言片語中將其拼湊完整？

不需要這麼做，所有的靈性教導皆來自於同一個「源頭」（Source）。就這個意義來說，人類的導師始終只有一個，他以許多不同的形相顯現。我是那導師，而一旦你能溯回到內在的源頭，你也是那導師。通往源頭的路徑就是「內在身體」。即使我說過，這些靈性教導皆起同源，但一旦被說出或被寫下，那這些教導將因而被局限在這些文字裡。而就像我先前說過的，文字只是一個路標，所有關於這方面的教導都是路標，指向的是回到源頭的路。

我說過，真理（Truth）隱藏在你身體裡面。不過，我將再度為你整理歸納那些業已失傳的靈性教導，而這也是另一些路標。傾聽或閱讀這些說明的同時，請努力感受你的內在身體。

關於身體的教誨

被稱為身體的這個高密度生理結構，受生、老、病、死束縛，它不是究極的實相——它不是你，而是你對於真正實相的一種錯誤認知，你的實相是超越生死的，而你誤以為自己有生有死。此外，身體也是心智畫地為牢的結果，這個心智與本體已失去連結，它創造了你與身體是分離的假象，並企圖將它的恐懼狀態合理化。儘管如此，請不要對身體置之不理。是這些由心智創造的錯覺，這些你認為身體是非恆久的、局限的、終將死亡的錯覺，密封了你不朽實相的光芒。當你尋求真理時，請不要將眼睛望向別處，因為除了在你身體裡面，真理無處可尋。

不要對抗身體，因為這樣做，你**就是**在對抗自己的真實本相。你就是你的身體，你那看得見、摸得著的身體，只是一片虛幻的薄紗。在那後面，存在著無形無狀的內在身體，那是你通往本體、通往未顯化生命（Life Unmanifested）的門檻。透過內在身體，你和這未顯化的至一生命（One Life）緊密相連，沒有生，沒有死，永恆存在。透過內在身體，你將永遠與上帝合而為一。

在身體深處扎根

關鍵是，與你的內在身體恆常保持連結，時時刻刻去感受它，如此一來，你的生命將很快獲得深化和轉化。你愈專注於內在身體，它的振動頻率會愈高，一如你轉動調光器可以增加電流的輸入量，讓電燈變得更亮。在這個較高的能量層次裡，負面情緒將無法再影響你，而你也比較容易吸引到可以反映這種較高頻率的新情境。

只要盡可能專注於身體上，你將能定錨於當下。你不會在外在世界中迷失自己，也不會在心智裡迷失自己。思維和情緒、恐懼和欲望，或許還是會再度生起，卻再也無法支配你了。

此刻，請檢視自己的注意力是放在哪裡。你正在聽我說話，或是正在讀這本書，它們是你注意力的焦點。然而，在這焦點的邊緣，你仍然意識到其他東西，如周遭環境和其他人等等。另外，當你傾聽或閱讀時，心智也許正在活動，正在評斷你所聽到或讀到的東西。但不要讓這些東西**吸去**你的所有注意力，試試看你是否可以同時和你的內在身體產生連結。將一些注意力轉移到內在，不要讓它全部往外流。從裡面感受你整個身體，把它想成一個單一的能量場，讓自己幾乎就像是用整個身體來傾聽或閱讀，接下來幾天和幾星期都練習這個方法。

不要將全部的注意力都放在心智和外在世界，竭盡所能專注於手邊的工作，同時盡可能去感受內在身體。在身體深處扎根，然後，觀察這樣做會替你的意識狀態和工作品質帶來哪些改變。

無論何時何地，請利用等待的時間，去感受你的內在身體。如此一來，塞車或排隊都能成為一大樂事。不要在心理上讓自己從當下離開，透過更深入你的身體，你可以更深入於當下。

觀想身體終將為你帶來一種全新的生活方式，進入一種恆常與本體連結的狀態，為你的生命增加一個你前所未知的深度。

當你可以深深扎根於自己的內在，你就更容易保持臨在，做好心智的觀察者，不管外界發生了什麼，都不能動搖你分毫。

除非你保持臨在（「安住在身體」是臨在一個不可分割的部分），否則將繼續受心智擺佈。你腦子裡很久以前便擬好的劇本，將指揮你怎樣思考和行動。你也許偶爾可以擺脫一陣子，不過不會長久，當人遇上逆境或重大挫折時，更是如此。你的制式反應將會是無意識、固定和可預期的，而啟動這些反應的，乃是隱藏在認同心智的意識狀態下的那個基本情緒：恐懼。

所以，每當碰到困難或逆境，這是很常見的，養成習慣立即將注意力盡可能聚焦在身體的內在能量場。不用太久，幾秒鐘便足夠。重要的是，當困難或逆境出現的一剎那要馬上行動，任何延遲都可能會讓慣性的情緒模式升起，並將你掌控。當你專注於內在身體，當你的意識從心智抽離，你將馬上感到寂靜和臨在。如果你遇上困難需要即時處理，先照著上述方法這麼做，之後自會想出一個更有效的解決辦法。因為，這樣的解決辦法是來自一個比心智更深沈的層次，就像陽光要比蠟燭光焰亮上無限倍，本體的智性也比心智高出了無限倍。

只要你的意識與內在身體保持連結，你就會像一棵深深扎根於土裡的大樹，或是一棟地基又深又穩的大廈。後面這個比喻出自於耶穌（但一直以來廣受誤解）：有一個人將房子蓋在沙子上，結果暴風和洪水一來，房子便被捲走；另一個人把地基挖得很深，直達磐石，而他的房子並沒有被洪水沖走。

進入身體前當先寬恕

每當我企圖把注意力集中在內在身體，都會感到非常不舒服。我會感到焦慮不安，還會有點噁心，所以，迄今仍未能體驗你所說的境界。

你感受到的，也許是你可能不自覺的、纏繞你久久不放的一種情緒。除非你先注意到它，否則那情緒將阻礙你進入更深一層的內在身體。注意它，並不是說開始**思考**它，而只是去觀察它，去充分感受它，並因此認識它，接納它。有些情緒很好辨認，如憤怒、恐懼、悲傷等。有些則比較難，有可能只是些不明顯的不自在、沈重感或壓迫感，與其說是情緒，不如說是介於情緒與生理感受之間的感覺。但你叫不叫得出它們的名字並不重要，重要的是去感覺它們，讓它們盡可能在意識層面浮現。專注是轉化的關鍵，而全然地專注意味著接納。專注就像一束光，意識的專注力量，是可以將任何東西轉化為意識的。

在任何功能完全正常的生物體上，情緒的生命週期都很短，它們就像在本體表面短暫盪漾的漣漪。然而，如果你並非安住在身體，那麼情緒就有可能在內在存活幾天、甚至幾星期，或與其他頻率相近的情緒融合，製造出痛苦之身，像寄生蟲一樣在你身上寄生多年，它會吃掉你的能量，導致各種疾病，讓你的人生悲慘兮兮（參考第二章）。

所以，請將注意力放在你所感受到的情緒，細細感受它，檢視你的心智是否執著於某些悲憤模式：抱怨、自憐、怨恨等。如果是，就表示你還沒有寬恕。無法寬恕的矛頭，通常指向了別人或你自己，但有時也會指向一些你拒絕接納的環境或情境，不管它們發生在過去、現在或未來。對，人甚至可以無法寬恕未來，這是因為心智痛恨不確定性，痛恨未來不受其控制。寬恕就是放下悲憤，一旦你意識到悲憤除了可以強化你的虛假自我之外毫無用處，自然而然就會拋棄悲憤。不這樣做，你得到的只有痛苦折磨，讓生命能量的流動大受阻礙，很多時候還會因此帶來疾病。

當你真正能夠寬恕的那一刻，你便從心智手中奪回了你的力量。無法寬恕乃是心智的本質，一如小我若沒有衝突就無法存活。心智不具備寬恕的能力，一旦**你**擁有了這個能力，一旦你寬恕了，你就能夠進入臨在，能夠進入身體，感受到從本體散發出來的祥和與寂靜。這就是為什麼耶穌會說：「進入聖殿前當先寬恕。」

你與未顯化狀態的連結

臨在與內在身體的關係是什麼？

臨在是一種純意識，也就是從心智、從形相世界手中奪回的意識。內在身體是你與未顯化狀態之間的橋樑。內在身體最深沈的部分，**就是**未顯化狀態，就是意識的「源頭」，一如光的源頭是太陽。覺知到內在身體的同時，意味著意識也找到了並回歸到自己的源頭。

未顯化狀態與本體相同嗎？

是的。未顯化狀態是一種否定的說法，用來表示終極實相的不可名狀、不可思議和不可想像，藉由說明它**不是**什麼來表明它是什麼，本體則是正面的說法。但請不要執著在這些文字上，或開始迷信它們，它們不過就是路標罷了。

你說臨在乃是從心智手中奪回的意識，這「奪回」是由誰執行的呢？

就是你自己。但由於你在本質上**就是**你的意識，所以也可以說，這「奪回」過程所意味的，是意識自己從形相的幻夢中覺醒。這並不表示你的形相會在意識之光的照耀下馬上消失，你將繼續以原有的形相存在一段時間，然而，與從前不同的是，你現在可以進入自己那個無形無狀又無生無死的深處。

你的這番話我並無法理解，但我又不得不承認，我內心深處隱約明白你的意思。這感覺比任何感覺更像感覺，我是在欺騙自己嗎？

不是，你不是在欺騙自己，感覺比思維更能讓人貼近真理。我能教你的東西，無一不是你內在深處本已懂得的。當你與本體達到某種程度的連結，凡聽到真理，你便會認出其為真。但如果你未達到這個階段，練習觀想身體是有需要的。

減緩老化的速度

觀想內在身體還有其他生理層次的好處。其中之一便是，可以大大減緩肉身老化的速度。

儘管肉身會隨著年紀老去，但內在身體卻不會與時俱老，相反的，如果你勤於觀想它，其深度與廣度會與日俱增。所以，即便你現在八十歲了，你的內在身體仍可以像十八歲，像往昔一樣充滿振動的活力。一旦你可以擺脫心智的桎梏，安住在身體及臨於當下，你的肉身將變得更為輕盈、更為清明和更有活力。隨著更意識到你的身體，它的分子結構將變得不那麼擁擠，意識的增強與物質的假象是互為消長的。

當你愈認同於無時間性的內在身體，當臨在變成你的意識常態，當你的注意力不再受到過去和未來主宰，你就不會在心智和身體的細胞裡積聚更多的時間。「心理時間」十分沈重，會妨礙到細胞自我更新的能力。所以，如果能安住於內在身體，你的肉身將以較慢的速率老化。即使人終將變老，但你的無時間性本質卻能照亮你的外在形相，讓你看起來更年輕。

你的說法有科學證據嗎？

照我所說的去做，你自己就會是證據。

強化免疫系統

觀想內在身體在生理層次的另一個好處是，可以大大強化免疫系統。你愈能意識到身體，它的免疫力會愈強，你的每個細胞都將甦醒並歡欣鼓舞。身體喜歡受到你的關注，這也是有力的自療方式。大多數疾病都是趁我們沒有臨在於身體時悄悄潛入的，這好比如果主人不在家，各色人等就會鵲巢鳩占，若你安住在身體，不速之客便難有可乘之機。

此外，這麼做不只可以增強生理上的免疫力，同時也可以增強心理上的免疫力，後者可以保護你，不受別人高傳染性的負面能量侵襲。安住在身體可以讓你豎起盾牌，把較低頻率的能量（憤怒、恐懼、沮喪等）阻隔在外。這些負面能量將無法進入你的意識場，即便能夠闖入，你也不用抵抗，因為它們會像射到隱形人般，從你身體一穿而過。請不要只是相信或不相信我的話，務必要親自試試看。

每當你覺得需要增強自己的免疫力時，請使用以下一個簡單卻相當有效的冥想方法。尤其在你剛開始出現病徵時使用，最是有效。不過，即使病情已經蔓延，如果你能夠經常使用這個方法且每次都全然專注，同樣可以生效。此外，它還能夠助你防阻任何對你能量場造成干擾的負面能量。不過，不要忘了持續觀想自己的身體，否則，這個方法的效果將是有限的。

每當你有幾分鐘的空閒時間，特別是每天起床後和準備上床前，都應該讓意識「充盈」你的身體。閉上眼睛，背躺平。開始時，選擇一些身體部位做為觀想的對象：手、腳、腹部、胸膛或頭部都可以。盡可能強烈感受這些部位蘊含的生命能量。然後，讓你的注意力像波浪一樣，從頭到腳，再從腳到頭來回沖刷好幾遍，前後歷時一分鐘左右即可。繼而，感受你的整個「內在身體」，想像它是一個單一的能量場。維持那感覺幾分鐘，強烈臨在於身上的每一個細胞。也許心智會偶爾打斷你的專注，讓你想東想西，但不必緊張，只要一察覺到便馬上把注意力拉回到「內在身體」即可。

讓呼吸牽引你進入身體

有時，我的心智太過活躍，讓我無法將注意力抽離開來，轉而去感受內在身體。當我憂慮或焦慮的時候，特別明顯，對此，你有什麼好建議嗎？

任何時候你覺得難以與內在身體有所連結，不妨先把注意力集中在呼吸，這個方法容易多了。仔細觀想呼吸，這本身就是一個很好的冥想方法，它會讓你逐漸與身體產生連結。將注意力放在一呼一吸上，感受你的小腹是如何隨著每下呼吸微微漲縮。如果你善於想像，那就閉起雙眼，想像自己被光包圍，或沈浸在一種發光的物質裡。在那光中呼吸，感受那發光物質充滿你的身體，讓你通體發亮。你現在安住在身體了，但切記不要太依賴任何想像的方法。

有創意地使用心智

如果你需要使用心智來處理事情，那請記得在與內在身體連結的狀態下來使用。唯有在你沒有任何思維的情況下保持覺知，才能有創意地使用心智，而最能輕鬆進入此狀態的方法是透過你的身體。任何時候當你需要一個解答或一個創意，請先暫時停止思考，把注意力集中於你的內在能量場，感受它的寂靜。這樣，當你再度思考時，將更有想法，更有創意。當你要思考時，請養成習慣每幾分鐘就在思考與傾聽內在（即傾聽內在寂靜）之間做一次轉換。可以這樣說，不要只用心智思考，要用整個身體來思考。

傾聽的藝術

傾聽別人說話時，不要只用心智傾聽，要用整個身體傾聽，一面傾聽一面感受內在身體的能量場，如此可以讓注意力從心智抽離，創造出一個寂靜的空間，讓你不受心智干擾，真正地傾聽。如此也是給予對方空間，讓對方如如呈現，那是你可以給予別人最珍貴的禮物。多數人不懂得傾聽，因為他們多數時候都只管自顧自思考。他們專注於此，而非別人說話的內容，更別說那些最重要的事情：在這些話語和對方心智下的他人「本體」。當然，除非你感受到自我的「本體」，否則將無法感受到他人的「本體」。這是認識合一（oneness）的開端，也就是愛的開端。在本體的最底層，你與天地萬物是合而為一的。

大部分的人際互動都只停留在思維的層面，而非真正的溝通。沒有任何一種人際關係可以靠這種方式臻至成熟的，這也是為什麼人與人之間有那麼多的衝突。當你的生命受到了心智的支配，摩擦、爭端、衝突必然會層出不窮。與內在身體保持連結，可以幫助你創造出一個無念的清靜空間，讓人與人的關係更加和諧。

第七章

通往未顯化狀態的大門

深入你的身體

我感受得到身體裡面的能量，特別是手和腳裡面的能量，卻無法進入更深，像你方才形容的那麼深。

開始冥想，不需花費太多時間，十至十五分鐘便足夠了。首先要確定不會有讓你分心的事，像電話響起或有人來訪之類的。然後，坐在椅子上，背挺直，不靠椅背，這樣可以讓你保持警醒。你也可以選擇其他你喜歡的姿勢。

全身放鬆，閉上眼睛，深呼吸幾下，感受氣息進出小腹的感覺，觀察腹部如何隨著一吸一呼而微微一漲一縮。然後，觀想身體整個的內在能量場，別去思考，只要**感覺**就好，如此可以讓你從心智手中奪回意識。如果有幫助的話，不妨使用先前提過的想像方法，也就是想像自己被光所包圍。

當你可以清晰感受到內在身體是一個單一能量場之後，請停止任何想像，全然專注於感受上。如果可能，放下你仍然擁有肉身的任何想像。這樣，剩下的將只會是一種周流遍布的臨在感受，你將感受到內在身體是如此的廣闊無垠。接著，請更專注於這種感受，與它合而為一。融合到能量場裡，讓觀察者與被觀察者、你與你的身體這種二元性不復存在。此時，內與外的界線將會消失，以致連內在身體亦不復存在。透過更深入你的身體，你已經超越你的身體了。

在你感覺舒適的情況下，盡可能停留在純然本體的境界當中，然後，再度去覺知你的肉身、你的呼吸，以及你的感官。最後，張開眼睛，環顧四周幾分鐘，不帶任何價值判斷，持續感受你的內在身體。

能進入無形無相的境界，乃是一種真正的解脫。它讓你擺脫形相的枷鎖，擺脫對形相的認同，那是生命未分裂為繁雜多元化以前的未分化狀態。我們可以稱之為未顯化狀態，它是萬物無形的源頭，是所有存在的本體。那是一個無比寂靜祥和的境界，充滿喜悅和強烈的活力。每當你臨於當下，就會變成像光一樣「透明」，那是從源頭散發出來的純意識。你也會體認到，那光並不在你的外在，而是你最深沈的本質。

氣的源頭

未顯化狀態就是東方人所說的「氣」，即一種遍在於萬物的生命能量嗎？

不，它不是氣（chi）。未顯化狀態是氣的**源頭**。氣是你身體的內在能量場，它是你的外在自我與源頭之間的橋樑，它居於已顯化狀態（即形相世界）與未顯化狀態之間。氣就好比是一條河流或能量流，如果你把意識深入專注於內在身體，就可以順隨這條河流而上，回到它的源頭。氣是動態的，未顯化狀態是寂靜的。當你抵達絕對寂靜的境界時，便已超越了內在身體、超越了氣，回到了源頭，即未顯化狀態。氣是未顯化狀態與物質世界之間的橋樑。

所以，如果你深入專注於內在身體，就有可能到達這個奇妙的境界。在那裡物質世界進入了未顯化狀態，而未顯化狀態是以氣的能量流形式呈現的。那裡也是生與死的分界。當你把意識指向外在，心智與物質世界就會升起；當你把意識指向內在，意識就會回到源頭、回到未顯化狀態的境界。雖然，你的意識還是會再回到形相世界，你也會再回到你曾短暫拋棄的形相自我，你有名字，有過去，有人生處境和未來。不過，重要的是，你不再是原來的你了，因為你已短暫窺見了內在的實相，那個並非是「此世間」的實相（雖然這實相與此世間密不可分，一如它與你是不可分離的）。

現在，請厲行以下的靈修方法：不要將全部的注意力放在物質世界與心智上，請利用我前面說過的方法，試著將一部分的注意力放在內在，感受你的內在身體，即使在日常生活中，特別是與他人或自然接觸的時候。感受你內在深處的寂靜，經常讓這扇門開敞（譯

註：這裡說的「門」是指「內在身體」，它是通向「未顯化狀態」的大門）。在日常生活中時常覺知到未顯化狀態，並不是那麼困難的事，它可以是背景環境中一種深沈的平靜感受，一種緊隨左右的寂靜感受，不管此時此地你碰到任何禍事或逆境，你成為了未顯化狀態和已顯化狀態之間的橋樑，成為了上帝與世界的中介。這種與源頭有所連結的狀態，就是我們所說的開悟。

請不要誤以為未顯化狀態與已顯化狀態是分離的。怎麼會呢？未顯化狀態存於每種形相之內的生命，是萬物的內在本質，它充滿著整個世界。關於這些讓我來解釋一下。

無夢的熟睡階段

每天晚上，當你進入無夢的熟睡階段，你便是進入了未顯化狀態之旅。你將與源頭合而為一，從中汲取能量，供我們返回形相世界之後維持活力好一陣子，這能量比食物更能帶來活力（「人活著不是單靠食物。」，譯註：語出耶穌）。不過，你並非有覺知地進入無夢的熟睡階段，即使身體功能在睡夢中仍繼續運作，「你」卻不再存在於此狀態中。你能想像有人可以在無夢的熟睡階段中繼續保持覺知嗎？那是不可能的，因為在那狀態之中，是不具任何內容的。

除非你可以有覺知地進入未顯化狀態，否則是不會得到解脫的。這也是何以耶穌不說「真理可以帶給你自由」，卻說「當你知道真理，真理便會帶給你自由。」這並不是概念上的真理，而是超越形相的永恆生命真理，你只能藉由直接體驗得知。但是，請不要嘗試在無夢的熟睡階段中保持覺知，你極不可能會成功的。你頂多會在夢中保持覺知，這種夢叫「清明之夢」，它也許有趣和引人入勝，卻不會帶給你解脫。

所以，請利用內在身體做為進入未顯化狀態的大門，並時時讓這扇門保持開敞，以便你隨時可以與源頭相連結。對內在身體而言，你的外在身體是年輕還是衰老、是強壯還是羸弱，都無關緊要，因為它是超越時間的。如果你還無法感受到內在身體，那還有其他大門可供你使用。但最終而言，所有的門都是同一扇門，這些其他的大門，有些我在前面已經詳述過了，但以下不妨簡明扼要地再說一次。

其他的大門

當下可被看成是一扇大門，它是其他大門（包括內在身體）的關鍵部分。一個人不可能既**安住在身體**，卻沒有強烈地臨於當下。

就像時間與已顯化狀態是密不可分的，當下與未顯化狀態的關係也是如此。當你用高度的臨在意識，瓦解了心理時間，你將能同時直接和間接覺知到未顯化狀態。也就是，你可以直接地感受到，它就是你有意識地臨在所發散的光芒和力量，是沒有內容的，只有臨在。你也可以間接地，透過感官覺知到未顯化狀態。換言之，你會在每個創造物、每朵花、每塊石頭當中，感受到神性（God-essence），從而領悟：「萬物皆神聖。」這也是為什麼耶穌會在《多馬福音》（*Gospel of Thomas*）裡表示：「劈一塊木材，我就在那裡頭。舉一塊石頭，你會在那裡找到我。」

另一扇通往未顯化狀態的大門是停止思考，要做到這一點，可以從一個很簡單的方法開始：專注於呼吸，或是以強烈警覺的態度凝視著一朵花，與此同時，心智將停止評斷一切。想在不間斷的思緒流中製造空隙，有很多種方法，冥想即為其一。思維是已顯化世界的一部分，持續不斷的心智活動，將把你困在形相的世界，就像一片不透明簾幕，讓你無法覺知到未顯化狀態，無法覺知到存在於萬物的無形無相和無時間的神性。當你全然**臨在**時，根本不用煩惱思考是否停止，當然了，因為到時心智自然便會停止，這就是為什麼我說當下乃是任何「大門」的關鍵部分。

臣服（surrender），即放下對本然的抗拒，也可以是一扇通往未顯化狀態的大門。理由很簡單，內在的抗拒將切斷你與他人、你與自己、你與世界的聯繫；它會強化你的孤立感，而「假我」正有賴這種孤立感而存活的。孤立感愈強，你將愈受繁擾的形相世界所束縛，而你愈受形相世界束縛，你的形相自我就會愈堅固和難以超越。這時，大門將會關起，你與內在的向度、深度的向度也將失去聯繫。但是一旦你臣服了，你的形相自我將會軟化，變得「透明」，如此，未顯化狀態便可以在你身上展現了。

要不要在自己生命中打開通往未顯化狀態的大門，完全取決於你自己。與內在能量場保持聯繫、全然臨於當下、擺脫對心智的認同、臣服於本然——這全是你可以使用的大門，但只要一扇便已足夠了。

「愛」想必是這些大門的其中一扇？

錯。愛不是大門，一旦真正的大門開啟，愛將以感性與理性合一的樣態呈現。愛不是大門，它跨過了這些大門進入你的世界。一旦你完全被桎梏於形相自我之中，愛就不會出現。你的任務不是尋找愛，而是尋找一扇門，讓愛可以走進來。

靜默

除了你剛才提過那些大門以外，還有別的嗎？

有。未顯化狀態與已顯化狀態不是分離的，它遍布於整個世界，然而卻偽裝得很好，以致幾乎人人都視而不見。只要你知道到哪裡找它，它就無處不在，也就是說，有扇大門是永遠為你敞開的。

你有聽到遠處的狗吠聲嗎？有聽到汽車行駛過的聲音嗎？仔細傾聽。你有從中感受到未顯化狀態的存在嗎？沒有？那就往靜默裡去尋找它吧。靜默是聲音從出之處，也是聲音復歸之處。你應該更專注於靜默而不是聲音。專注於外在的靜默，可以創造內在的靜默，使心智轉變為寂靜，這樣，一扇門就打開了。

所有的聲音都生於靜默，然後又會歸於靜默，而在它們存在的期間，也是被靜默所圍繞。靜默讓聲音可以成為聲音，它是每個字、每句話、每個音符、每首歌曲的本質部分，但又是其未顯化的部分。未顯化狀態以靜默的方式臨在於這個世界，這也是為什麼智者會說，這世上沒有東西比靜默更近似上帝了。你所需要做的只是傾聽靜默，哪怕在交談中，都應該盡量注意字與字的空隙、句與句之間的短暫停歇，如此，你內在的寂靜向度就會擴大。你不可能專注外在靜默的同時，內在沒有變得更為寂靜。靜默於外就會寂靜於內，此時，你已經進入了未顯化狀態了。

空間

一如沒有聲音可以離開靜默而存在，也沒有任何東西可以離開「無」（nothing）而存在。萬事萬物皆生於無，被無所包圍，最後又歸於無。不僅如此，甚至在每件物體裡面，「無」都遠多於「有」。物理學家說，物體的固體性只是假象，即使看起來是固體的東西（包括你的身體），其裡面幾乎百分百是「空」的，與這「空」的規模相比，一件物體包含的原子數量少如九牛一毛。尤有甚者，每顆原子裡面也幾乎是空的，與其說它們是粒子，不如說是一種振動的頻率。佛家兩千五百多年前即明白這道理，否則《心經》不會說：「色即是空，空即是色。」萬物的本質就是空。

所以，未顯化狀態除了以靜默的形式展現於世間，還以空間的形式遍布於整個宇宙。空間如同靜默容易為人所忽略，每個人都會注意到座落於空間中的事物，卻有誰會去注意事物所座落的空間呢？

你似乎是說，「空」或「無」並不是空無一物，而是包含著某些神祕性質。到底什麼是「無」？

這是個不能問的問題，因為你一這樣問，「無」就變成了「有」。但心智就是喜歡把「無」弄成「有」。「無」或「空間」乃是未顯化狀態在感官世界的展現，這說法聽來有點自相矛盾，卻幾乎是我們對「無」能有的唯一述說。它是不能成為一種知識的，你無法靠研究「無」而拿到博士學位。科學家研究空間的時候，往往把它當成一種事物，以致完全張冠李戴。這也難怪最新的科學理論主張空間不是空的，而是充滿物質。你一旦發明了任何理論，就不難找到證據支持它，讓它至少在另一個理論出現前看似有理。

只有當你不企圖去抓住它或理解它時，「無」才可能成為一扇通往未顯化狀態的大門。

但你不是正在讓我理解什麼是「無」嗎？

絕不是如此。我是在為你指引方向，讓你知道如何可以把未顯化狀態帶入生活中。我不是要講解何謂「無」，它也沒有什麼是你需要理解的。

空間不具存在性（existence）可言。所謂「存在」一詞的字面意義是「顯現出來」（stand out）。你不可能理解空間，因為它不會顯現出來的。雖然它本身不具存在性，卻可以讓萬事萬物得以存在。靜默也是不具存在性的，未顯化狀態亦是如此。

如果你把注意力的焦點從空間的事物轉回空間本身，會有什麼事情發生呢？這房間的本質是什麼？是它的家具、油畫或諸如此類嗎？當然不是，它們只是座落在房間**之內**的東西，不是房間本身。是地板、牆壁和天花板嗎？不是。它們雖然界定了這房間的邊界，卻不是房間本身。那麼，這房間的本質是什麼？是空間，空的空間。沒有這個空的空間，就不會有所謂的「房間」。因為空間是「無」，所以，我們只能說出它不是什麼，卻無法說出它是什麼。所以，應該多注意你周圍的空間，不要去思考它，只要感受它就好，去感受它的本然，把注意力放在「無」。

如此一來，你的內在將會發生意識的轉化，原因如下：就像空間中有各種物體，心智裡也有各種物體，如想法、情緒、感官知覺等心智物體。而就像各種外在物體有賴外在空間而存在，心智物體也是倚靠內在空間才得以存在，這內在空間就是意識。所以，如果你能夠把注意力從事物（things）抽離開來，自然而然就會把注意力從心智物體本身移走。換言之，你不可能一邊思考一邊意識到空間或靜默。然而，透過覺知到四周的空間，你同時就可以覺知到無念的空間、純意識的空間，也就是未顯化狀態，這就是何以諦觀空間可以成為你的一扇大門。

空間和靜默是一體的兩面，更精確地說是「無」的兩面，它們也是內在空間與內在寂靜的顯化狀態。內在寂靜乃是萬物之母，大部分人類都對此向度渾然無知。沒有了內在空間，沒有了內在寂靜，人們因而失衡。人們只認識外在世界（或自以為認識世界），卻不認識上帝，他們完全認同於自己的生理和心理形相，對自己的內在本質卻毫無所覺。由於任何形相都是不穩定的，所以他們生活在憂懼中，這種憂懼深深扭曲了他們對自己與他人的觀點，扭曲了他們對世界的認知。

就算有朝一日地球因為宇宙大災難而毀滅，未顯化狀態仍會絲毫不受影響、不動如山。《奇蹟課程》中相當精確地將這個道理闡述清楚：「凡真實的，必不受威脅，凡不真實的，根本就不存在。上主的平安就在其中。」

只要與未顯化狀態保持著有覺知的聯繫，你將會珍惜、熱愛並深深敬重每一種生命形相，知道它們是「至一生命」（One Life）的不同化現，也知道所有形相都注定瓦解，所以一切外在事物都不是那麼重要。這種境界，用耶穌的話來說就是「超越世界」，用佛陀的話來說就是「到達彼岸」。

空間與時間的真實本相

如果宇宙除了靜默以外別無一物，那你將不可能意識到其存在。唯有靠著聲音，靜默得以被彰顯。同樣的道理，如果宇宙只有空間而無一事一物，你也不會得知其存在。假設你是浩瀚宇宙裡的一縷意識，又假設這個宇宙沒有星星、沒有銀河，只有虛空，你猜你會有什麼感覺？你只會感覺到宇宙的浩瀚，而不會意識到它的存在。這宇宙沒有其他或更多的事物，就不會有「這裡」和「那裡」的分別，沒有「這裡」和「那裡」的分別，就不會有距離和空間可言。就像老子所說的，世界要能存在，必須要「一生二，二生三，三生萬物」，有了萬物，空間才會變得浩瀚。所以，世界和空間是相生相成的。

沒有事物可以**在**沒有空間的情況下存在，然而空間又是「無」。在宇宙出現以前，在宇宙發生大爆炸以前，根本沒有空間可言，沒有事物可言，有的只是未顯化狀態，即「一」（the One）。當「一」顯化為萬物，空間就突然出現了，讓「多」得以存在。這空間是哪裡來的？是上帝創造來容納宇宙的嗎？當然不是。空間是「無」，所以從未被創造過。

找一個無雲的夜晚到屋外走走，看看天空。你能用肉眼看到的千萬顆星星，不過是全宇宙所有星星的九牛一毛。迄今，靠著最進步的天文望遠鏡，人類已發現了超過一千億個銀河系，而每一個又包含著數十億顆星星，夠讓人歎為觀止了吧？然而，更讓人歎為觀止的是無限廣闊的太空本身，因為它的浩瀚無垠竟然容得下多如恆河沙數的星星。沒有東西要比宇宙空間不可思議的浩瀚和寂靜，更讓人敬畏，而太空又是什麼呢？不過是虛空，廣闊無邊的虛空。

我們心智與感官所看到的那個宇宙空間，就是外化的未顯化狀態本身，它是上帝的「身體」。但最神奇的奇蹟還不是這個，而是，這個讓宇宙萬事萬物得以存在的空間不只在外面，也在我們裡面。當你徹底而全然地臨在，你就會與它相遇，就會知道它是你裡面那個無念的內在寂靜空間。在你裡面，它的浩瀚無邊不是表現在廣度，而是表現在深度，那是超越實相（transcendental reality）的一個屬性，但我們始終錯認為是一種空間上的廣度。

愛因斯坦說過，空間與時間是不可分割的，他稱之為「時空連續體」（space-time continuum）。我對此不是很明白，但我記得他說過，時間是第四度空間。

沒錯，你看到的空間和時間只是假象，但這假象中自有真理，它們是上帝的兩種本質屬性，即無限與永恆。在你的認知裡，它們是外在於你的，但在你之內，時間和空間有一個內在的對等位置，不但可以展現它們的本質，也同時可以展現你的本質。與空間相對的內在，就是無念所在的寂靜與無限深廣的領域，而與時間相對的內在則是臨在，對永恆當下的那份覺知。但要記得，歸根究柢，這兩者是沒有分別的。當內在空間和內在時間（即無念和臨在）獲得實現，外在空間和外在時間對你的重要性便會大大降低，這時，世界還是會繼續為你存在，只是它再也無法把你矇在鼓裡。

因此，世界存在的最終目的並不在於世界裡面，而在於超越（transcendence）世界本身。要不是空間裡有物體，你不會意識到空間本身；同樣的，要不是有世界，你不會意識到未顯化狀態的存在。正如佛家所說的：「無無明，亦無無明盡。」唯有透過世界，又特別是透過你，未顯化狀態才能認識自己。是此時此地的你，讓宇宙的神聖目的得以開展，

看看你有多重要！

有覺知的死亡

除了先前提過的無夢熟睡狀態以外，還有另一扇必定要通過的大門，它會在肉體死亡的那一剎那短暫開啟。就算你一生都錯過了得到靈性提升的所有機會，在肉體剛剛死亡的那一刻，最後一扇門還是會為你打開的。

無數死而復生的人都聲稱自己剛死時見過這扇門，看到它光芒四射的模樣，許多人還會感受到極樂和深沈的平安。《西藏生死書》形容那光芒是「空（emptiness）的無色之光的璀璨閃耀」，又說它就是「你的真如自我」。這扇門只會短暫開啟，除非你在生前就曾進入過未顯化狀態的向度，否則很可能會失之交臂。大部分的人們都殘留了太多的抗拒心態、太多的恐懼心態，所以，他們雖然看到了這扇大門，卻因為害怕掉頭走開，然後便失去了意識，掉進了另一次的生死輪迴。他們的臨在都不夠強烈，以致未能覺知到自己抗拒接納。

所以，穿過這扇門並不代表化為烏有？

就像其他大門一樣，通過它之後，你的人格會消失，但真實本相會繼續存在。不需要為你的人格消失而耿耿於懷，因為這人格中如果有美善的部分，都莫不是你真實本相之光的閃現，它們是永不消失的，這世界沒有任何真正的真、善、美會消失。

死亡的逼近和死亡本身都意味著生理形相的瓦解，卻也是靈性昇華的最大契機。大多時候，人們都與這契機失之交臂，這實在非常可惜。現代的文明幾乎忽視了任何真正重要的東西，包括死亡。

每一扇大門都是死亡的大門，通過它，「虛假自我」便死亡了。不過，與此同時，你將不會再把心智虛構出來的自我執著為你自己。你會了悟，死亡只是幻象，形相自我只是假象，死亡就是假象的終結，唯有死抱著假象不放的人，才會以為死亡是痛苦的。

第八章

開悟的情感關係

從此地進入當下

我一直認為，只有透過男女間的愛情，人才可能達到真正的開悟。難道不是愛情讓我們再次完整嗎？少了另一半，人生的完整要如何獲得？

這是你的親身經驗嗎？你有從愛情中獲得了人生的完整嗎？

還沒有，但怎麼不是！我就是知道愛情可以帶給我這個。

換言之，你是在等待一件**發生在時間裡**的事情來拯救你，這不正是我一直在談的根本謬誤嗎？救贖不會發生在他處他時，只會發生在此時此地。

你說的「救贖只會發生在此時此地」是什麼意思？我不懂，我甚至不知道何謂救贖。

大部分的人們都在追求各種生理歡愉或心理滿足，他們相信，這些東西可以帶給他們快樂，解除他們的恐懼或匱乏。快樂（happiness）或被視為是透過肉體享樂而來的活力盈滿感覺，或被視為是透過心理滿足而來的更為安全和更為圓滿的自我感覺，人們就這樣試圖從不滿足或匱乏的狀態中追尋他們眼中的救贖。然而，不變的是，人們獲得的任何滿足都是短暫的，必須再次寄託在另一個遠離此時此地的虛幻未來。「當我可以獲得**這個**或是擺脫**那個**，我就會幸福快樂。」這是無意識的心智所創造的假象，讓人以為救贖只能在未來得到。

真正的救贖是自我實現的，是內在和平的，是生命充分開展的。真正的救贖是真正成為你自己，是感受你內在沒有對立面的美善，是並非外在所帶來的本體的喜悅。你將感受到它不是正在消失的經歷，而是永恆的臨在。用有神論的語言來說，救贖就是去「認識上帝」，但這個上帝並不外在於你，而就是你的本質。真正的救贖是認識到自己是無時間和無形相的「至一生命」密不可分的一部分，而萬物皆是由此「至一生命」滋生的。

真正的救贖是一種自由的狀態，它讓人沒有恐懼、沒有苦痛、沒有匱乏，因此不再起貪、嗔、癡心。它可以讓你擺脫強迫性思維，擺脫負面情緒，特別是擺脫對過去與未來的心理需求。心智總是告訴你，你無法於此時此地得到救贖，若要解脫或圓滿，你必須做些什麼，變成什麼人。也就是說你需要時間才能變得自由或圓滿，事實卻相反，時間是你獲得救贖的最大障礙，其實，此時此地才是你**可以**臻至救贖的唯一時空。你因知道自己**在**哪裡，才能抵達那裡。當你認識到沒有必要追尋上帝的那一刻，你就找到上帝了。所以，沒有所謂**唯一**的救贖道路，任何情況都可以，不需要特定的情況才能達成。然而，只有一扇大門可以通往救贖，就是當下，任何的救贖都離不開當下時刻。你單身嗎？那就從單身狀態進入當下，你已婚嗎？那就從婚姻狀態進入當下。

除了此時此刻，否則你做的任何事都不會讓你得到救贖。這個道理，對心智來說是難以理解的，它總以為任何有價值的事情都只存於未來。同樣的，過去做過的或曾經發生過的任何事，都無法阻止你接納本然，無法阻止你深入地專注於當下。你無法在未來做到，就是現在，否則只是空談。

愛恨交加的關係

直到你擁有臨在的意識頻率，否則你所有的人際關係（特別是情感關係）必然千瘡百孔，最終完全停擺。當兩人陷入熱戀，他們會覺得彼此的關係完美無瑕，然而，這完美沒多久就會幻滅，就會被爭執、衝突、不滿、情緒暴力與身體暴力破壞，而且次數會愈來愈多。多數的「愛情關係」用不了多久，便淪為「愛恨交加」的關係，一瞬之間，愛就可能轉變為兇猛的攻擊、敵意，往日的柔情盡失，人們認為這很正常。接著，關係將會在愛恨的兩極間擺盪，可以是幾個月，也可以是幾年，帶來的痛苦與歡樂一樣多。夫妻或情侶對這樣的循環「上癮」並非少見，這種戲劇化的互動方式，讓他們活得更有意思。然而，愛情關係的正、反兩極遲早會失去平衡，負面和摧毀性的循環終將愈來愈頻繁，愈來愈強烈，此時，離關係的最終破裂為期不遠了。

你也許會以為，只要擺脫這個惡性循環，一切就會恢復正常，而你的愛情也會花開二度。可惜，這是不可能的。愛恨是彼此相依的，你不能只要其一而不要其二。事實上，兩者是同種功能失調的一體兩面。我這裡談的「愛」是浪漫愛情，不是真愛。真愛並非從心智生起，沒有所謂的對立面。愛很難持久不變，一如意識也很難保持清明，不過，當思緒流出現空隙的時候，我們便有可能短暫瞥見真愛為何物。

當然了，關係中的負面成分比起正面成分來說，比較容易被認為是功能失調的。同樣地，比起在自己身上，我們也比較容易在伴侶身上看到愛情不盡人意的原因。愛情的負面成分有許多展現的形式，如佔有欲、嫉妒、控制欲、無言的怨恨、好勝、冷漠、批評、埋怨、攻擊、憤怒和身體暴力等。

愛情的正面成分代表著你與伴侶「彼此相愛」，一開始這會帶給你莫大的滿足，你感到生氣勃勃，你的人生突然變得充滿意義，因為有人需要你，讓你覺得自己特別。你的伴侶也因為你而有著同樣的感覺，你們在一起，你覺得自己圓滿無缺，這種感覺極其強烈，以致世上其他事情都變得無足輕重。

然而，你也許會意識到，你的強烈愛意是帶有某種依賴性、某種耽溺性的。你會對對方「上癮」，他或她之於你變成了一種「藥物」。擁有這種藥物的時候，你感覺情緒高昂。不過，哪怕只是想到會失去這種藥物，你便會恐懼不已。因為害怕失去，你將充滿嫉妒、猜忌，企圖用各種方法（要脅、埋怨、指責等）控制對方。如果對方真的離你而去，你更會產生深沈的恨意、哀傷和絕望，此時，你的愛都到哪兒去了？愛竟可在一瞬間變成了對立的恨？到底，當你們還在一起的時候，你是真正愛著對方，還是只把對方當成一種止癮的藥物，因而十分依賴，十分放不開？

上癮與追求完整性

我們為什麼會對追求愛情上癮？

為什麼浪漫愛情關係是如此強烈，讓人如癡如醉想要追求呢？原因是它似乎可以讓人從揮之不去的恐懼、匱乏和不完整感受中解放出來。凡是未得救贖和開悟的人都會有這些感受，而它們的產生有生理和心理兩方面的原因。

就生理層面來說，我們是不完整的，也永遠不會完整。我們只能是男人或女人，也就是說，只可能是整體的其中一半。生理層面上，異性相吸，即男性需要女性和女性需要男性，即為追求整體（合而為一）的展現。正負能量相吸幾乎是一種不可抗拒的衝動，這種生理衝動的根源其實是靈性的：渴望終結二元性，回到完整合一（wholeness）的狀態。性結合是你在生理層面上最能接近這境界的方法，這是何以它會是帶給人最深滿足的一種生理經驗。但性結合不過是對完整狀態的匆匆一瞥，只是對至樂（bliss）的淺嚐即止，假若你並非有覺知的視其為追尋救贖的手段，那就只是在形相的層次中追求二元性的終結，你終將失望地發現這是不可能的。親密關係讓你隱約瞥見了天堂，卻不能讓你久居那裡，所以到頭來，你會發現自己還是孤立和不完整的。

就心理層面來說，心理上匱乏和不完整感受更是強烈。一旦你認同於心智，你的自我就得靠外在事物來界定，換言之，你的自我會建立在一些與「真正的你」無關的事物上，例如社會地位、財富、外貌、成功與失敗、信仰等。這樣的自我只是一個「假我」，只是心智的虛構物。它非常脆弱，非常沒有安全感，總是不斷尋求新的事物來證明自己的存在。但沒有任何事物可以帶給它恆久的滿足，恐懼、匱乏將如影隨形。

然後，愛情出現了。看來似乎是解決「假我」一切問題的答案，可以滿足它一切的需求。起碼，一開始是這樣。此時，你從前賴以建立自我的所有東西會顯得相對不重要。你有了單一的焦點，它賦予你人生的意義，你不再覺得自己是住在冷漠宇宙裡的一片碎片，你的世界如今有了重心，雖然這個重心仍然是外在於你的，雖然你的自我仍然是靠外物來界定，但你起初會對此不以為意，反正，你的不完整感受不見了，那些「假我」的基本情緒——恐懼和匱乏也不見了。但它們真的消失了嗎，還是被你快樂新人生的表象暫時掩蓋住呢？

如果你在情感關係中，同時經驗到「愛」和「愛」的對立面（即攻擊性、情緒暴力等），那很可能是你把上癮錯以為是愛。要是你真心愛你的伴侶，你不可能一會兒愛他（她），一會兒又攻擊他（她），真正的愛是不存在對立面的。如果你的愛有對立面，那就表示不是真愛，而是「假我」的一種強烈需求，即希望倚靠異性讓自己更真實、更完整。對「假我」來說，那是救贖的代用品，而且短暫時間內，它會看似如假包換的救贖。

不過，你的伴侶遲早會讓你感到失望，更精確地說，是會讓你的「假我」失望，這時，一度被「愛情」掩蓋的恐懼、痛苦和匱乏感受（它們是「假我」的基本情緒）將再度出現。就像毒癮一樣，愛情帶來的解脫效果終有消失的時候，一旦不再有效了，痛苦的感覺重新浮現，且這痛苦將比從前更加強烈。更重要的是，此時你會把你的伴侶看成是引起你痛苦的**原因**。你會把你的痛苦發洩到對方身上，以極盡野蠻的方式攻擊對方，而這攻擊也將勾起對方內心隱藏的痛苦，引起他或她的還擊。此時，你的「假我」不自覺地希望自己的攻擊夠強烈，讓對方改變他們的行為，如此，「假我」便可以再次利用這些來掩蓋痛苦。

每種上癮皆由此而起：無意識地抗拒面對痛苦和走出痛苦。每種上癮都因痛苦而起，但最終帶來的還是痛苦。不管你對什麼上癮，酒精也好、食物也好、非法藥物也好、愛情也好，你都是利用了某人或某物來掩蓋你的痛苦，這就是為什麼，在浪漫愛情中，當最初的幸福感受一過，就會有許多不快樂、痛苦產生。事實上，愛情並不是引起你痛苦或不快樂的原因，它只是把本已深藏的痛苦與不快樂**勾引出來**罷了。每種上癮都有其後遺症，每種上癮的止痛效果都有消失的時候，當它不再有效，你所感受到的痛苦會遠甚於從前。

大部分的人們之所以千方百計擺脫當下，想從未來尋得某種救贖，理由正在於此。如果他們直接面對當下，第一個感受到的也許是痛苦，而這是他們害怕的。但願他們知道汲取當下的力量有多容易，知道這力量輕易就能瓦解過去和舊創。但願他們了解自己有多麼接近自己的真實本相，有多麼接近上帝。

為了逃避痛苦而逃避愛情也是不智的。你總會有痛苦，三次失敗的愛情，比你幽居孤島或閉關苦修三年，更能迫使你走向醒悟（不過如果你獨處時，可以進入強烈的臨在，也會有相同效果的）。

從上癮走向開悟的情感關係

有可能把上癮的情感關係改變為由衷的互愛嗎？

可以的。讓自己更專注於當下，讓自己保持強烈地臨在，這就是方法。不管你是單身還是擁有伴侶，這都是不二法門。想讓愛情繁榮茁壯，你的臨在之光必須夠強，讓你不再受思維和痛苦之身操控，不再認同於它們。認識到思維的背後是本體，心智噪音的背後是寂靜，痛苦的背後是愛與喜樂，之後你將得到解脫、救贖與開悟。想要擺脫痛苦之身，你要臨於痛苦的當下，從而轉化痛苦；想擺脫思維的操控，你要觀察自己的想法與行為，特別是觀察自己固定的反應模式和「假我」扮演的角色。

只要你不再為心智灌注「自我性」（selfness），它就會失去強迫的特質，不再強迫自我去做評斷，也因此不再抗拒**本然**（What is），衝突、鬧劇和痛苦也就不再出現了。事實上，當你接納本然、不再評斷一切的那一刻，你已擺脫心智的掌控，為愛、喜悅和內在和平騰出空間。首先，你停止評斷自己，繼而停止評斷伴侶。情感關係最大的催化劑便是，完全接納伴侶的一切，不去評斷或想改變對方，這會讓你馬上走出「假我」，讓所有心智遊戲和上癮戛然而止，不再有受害者和加害者，不再有指控者與被指控者。這也是相互依存的終結，因為你們不再隨對方的固定反應模式起舞，它們不復存在，如此，你們將以獨立的人格彼此相愛，或是共同深入當下，深入本體。這方法夠簡單了吧？

愛是本體的一種狀態。你的愛不是由外物產生，而是從你的內在深處生起。你不可能失去它，它也永遠不會離開你。它不依賴於他人，也不依賴於任何外在形相。在你臨在的寂靜中，你除了感受到無形無相、無時間的未顯化狀態充盈著你，還會感受到每個人類和萬物內在深處的相同生命樣態。此時，你穿透過形相和孤立感的帷幕，這是合而為一（oneness）的體現，這就是愛。

上帝是什麼？是所有生命形相背後的永恆「至一生命」（One Life），愛是什麼？是感受到這「至一生命」在你和萬事萬物內在深處的臨在展現，因而，歸根究柢，所有的愛就是上帝的愛。

愛就像陽光，不會挑選照耀的對象，不具排他性，不會獨厚某人。具排他性的愛不會是上帝的愛，只會是「假我」的愛。然而，真愛被感受的強烈程度是不同的，如果有人可以更清晰、更強烈將你的愛反映給你，而你對他也是如此，那你們便是處於愛情關係中。本質上，你和那個人的連結不異於你與他人（如公車上的鄰座）或事物（花、鳥、樹等）的連結，但強烈程度卻有不同。

哪怕是上癮的情感關係，有時同樣也可以超越相互耽溺的狀態，散發出光芒，這是當兩人的心智短暫退隱，以及兩人的痛苦之身都處於休眠狀態的時候，或者發生在肉體親密時刻、共同見證子女誕生的神奇時刻、死亡降臨時刻，或其中一方得了重病的時刻。在這些時刻的當下，思維將無法運作，那一直被掩藏於心智底下的本體就會顯現，而真正的溝通就可能發生。

真正的溝通就是合而為一的實現，那就是愛。這種時刻通常轉瞬即逝，除非你能夠保持充足的臨在，讓心智和它的固定反應模式無法運作。一旦心智和我執重新啟動，你就不是你自己，只是自己的心智影像。你會配合「假我」，玩一些角色扮演遊戲；你會變成只是一個人類心智，卻假裝是人，與另一個心智互動，大玩稱為「愛情」的遊戲。

雖然短暫瞥見真愛是可能的，但除非你能夠不再認同於心智，全然地臨在，瓦解你的痛苦之身，否則，愛是無法繁榮茁壯的。至少，你要做個持續的觀察者。這樣，痛苦之身將不再擺佈你，對「愛」也不再構成摧毀的力量。

在情感關係中修行

今日，意識的假我模式及其創造的社會、政治、經濟結構已經走到崩潰前的最後階段，而男女關係的失調正反映著人類全體所面臨的深重危機。隨著人類愈來愈認同於心智，大部分的情感關係都不是扎根於本體，都成為了痛苦的根源，充滿了煩惱與衝突。

今日，數百萬人是單身或單親父母，他們要不是無法建立親密關係，就是不願意再次投入親密關係，以免重蹈覆轍。有些人換了一個伴侶又一個，一次又一次經歷先甜後苦的循環，指望可以透過與異性能量的結合，獲得自我的實現。還有些人選擇忍受不快的婚姻關係，理由從為子女打算、因循、希望有安全感、害怕孤獨、出於經濟考量，不一而足，有時，甚至不自覺地對婚姻生活裡的爭吵衝突上癮。

然而，每個危機不只是危機，也蘊含了契機。如果情感關係會強化「假我」的思維模式並喚醒痛苦之身，何不接納這個事實，不再千方百計逃避它呢？為什麼不去調整既有的情感關係，而去追求一個幻影般的理想伴侶，以為那可以解決你的所有問題，可以為你帶來圓滿？除非可以了解並接納目前處境的一切，否則危機所蘊含的契機是不會顯現的。只要你繼續否認這一切，繼續逃避，契機之窗就不會打開，你會繼續被困在情境裡，或是維持不變，或是進一步惡化。

當我們了解並接納了這一切，就可以得到一定程度的自由。例如，當你**知道**你與伴侶的關係不和諧，並保留這個「知道」，透過這樣，一個新的因子會進入你們的關係，不和諧的關係就不可能維持不變。當你知道你內心不安，這個「知道」會用愛和溫柔創造一個空間，包圍你的不安，把你的不安轉化為內在和平。就內在轉化而言，沒有什麼是你可以

去做的，你無法轉化你自己，一如你無法轉化你的伴侶。唯一可做的是，創造一個空間讓轉化可以發生，讓恩典與愛可以進入。

所以，當你的情感關係不和諧，當這關係把你與伴侶逼進「瘋狂」狀態，你應該高興才是。因為這時候，無意識將被披露於光中，這是一個救贖的契機。這時，你應該將每一刻都聚焦在當下，特別是聚焦在你的內在狀態。如果你在憤怒，知道那是憤怒。如果你在嫉妒、防衛、爭強好勝，無論是什麼，知道那是當下時刻的實相，這樣，情感關係就成了你的修練場（sadhana）。如果觀察到你伴侶表現出無意識行為，那就用你的知道去包容它們，讓你不會對此做出反應。無意識狀態與有意識的知道是無法長久共存的，哪怕你和伴侶彼此之中只有一人知道這個實相，哪怕那個表現出無意識行為的人並不自覺。敵意和攻擊背後潛藏的能量，與愛的臨在絕對是彼此衝突的，所以，如果你對於伴侶的無意識行為加以反擊，你也將陷於無意識狀態。不過，一旦你在事後意識到自己的反應，那就無所損失了。

目前，人類正面臨生死存亡的巨大壓力，如果不往前演化，便會萬劫不復。這危機將影響到你生活的每一個面相，特別是影響到你的親密關係。男女關係從未像今日這樣問題叢生、充滿衝突，如果你繼續指望透過情愛找到救贖，得到的只會是一次又一次幻滅。但如果你接納了情感關係是要讓你更有覺知，而非帶給你快樂，那麼，這樣的關係將會帶給你救贖，而你也將因此進入當初意欲誕生到這個世界的更高意識狀態。至於那些執著於固定反應模式不放的人，只會愈來愈痛苦、暴力、迷惘與瘋狂。

依你所說，要讓婚姻關係成為修練場，應該是兩個人一起努力。但這似乎不容易辦到。例如，雖然我想努力，但我伴侶卻還是老樣子，總是表現出固定反應模式，總是充滿嫉妒心和控制欲。我向他指出過許多次，但他就是看不到。

需要多少人才能使你的人生成為修練場呢？別在意你伴侶是不是願意配合，意識清明

（sanity）只能透過你來到這個世界。你想開悟，並不需要先等待世界或別人意識變得清明，你若是等待，也許一輩子都等不到。別指責伴侶的無意識行為，你一開始批評，就是認同於心智，就是站在「假我」的立場說話，你會落入「假我」的擺佈，陷入無意識狀態。不過，有時指出伴侶某些言行有欠思慮是恰當的，只要你非常警醒、非常臨在，「假我」就沒有介入的餘地，若是如此，你的意見將不帶有怪罪、指控的意味。

當你的伴侶表現出無意識行為時，不要去評斷他（她）。評斷對方會把對方的無意識行為與對方的自我混為一談，或是把你的無意識投射到對方身上，誤以為**那**就是對方。不去評斷並不表示你無法看出對方的失調或無意識狀態，它表示的是「你是知道的」但不「對此做出反應」以及評斷。你不再與黑暗戰鬥，你把光帶進來；你不再對假象有所反應，你看見它，同時也看破它了。「你是知道的」為愛的臨在創造了一個清明的空間，在那裡所有的事物保持它們原來的樣貌。沒有比這個更厲害的意識轉化劑，依此而行，你的伴侶將無法選擇與你共同生活，卻又繼續停留在無意識狀態。

如果你們兩人都同意將彼此的情感關係當作修練場，那再好不過了。學習一有不滿就馬上表達或反應出來，這樣，就不會製造出時間差（time gap），讓隱藏內心的怨懟因而擴大、惡化。學習不帶責怪地把你的感覺說出來，學習不帶防衛地傾聽伴侶說話；給予伴侶空間，讓對方可以說出心裡話。如此一來，指控、防衛、攻擊就沒有存在的餘地，因為這些都是「假我」強化和保護自己的固定反應模式。給予對方和你自己空間非常重要，沒有這空間，愛將無法繁榮滋長。當你和伴侶都移去了情感關係的兩個破壞元素（痛苦之身和假我），你將會重新感受到情感關係的滋潤。與其互相映照彼此的痛苦與無意識，與其滿足彼此「假我」互相耽溺的需求，倒不如互相映照深存於你們內在的愛，這愛來自於與萬物合一的了悟，是沒有對立面的。

如果你已開悟，而你的伴侶繼續認同於心智與痛苦之身，那他（她）將會面臨巨大的考驗。「假我」極難與一個已開悟的人生活在一起，或者說極容易認為對方是一大威脅。我說過，「假我」需要製造煩惱、衝突和敵人，以此強化自己的孤立感，維繫自己的存在。然而，開悟的人是不會去抗拒「假我」的僵化立場，這會讓「假我」大為沮喪，並愈來愈弱化，甚至有整個崩潰之虞；同樣的，痛苦之身也會得不到它所需要的回饋（爭吵、衝突等）。不過要注意的是，有些人雖然不會對伴侶表現情緒反應，但那卻不是因為他們已經開悟，而只是出於冷漠、高高在上或退縮到自我去。男性比女性更容易這樣，他們會認為自己的太太是不理性和情緒化的，不值得他們計較。如果你能感知自己的情緒，那你離內在身體就不遠了；相反地，如果你主要以大腦思考，那你跟內在身體的距離又遠多了，此時，你得先意識到自己的情緒身體（emotional body），才可能覺知到自己的內在身體。

如果你沒有感受到愛與喜悅，沒有對萬事萬物全然地臨在與開放，那就不是真正的開悟。另一個開悟的指標是，你遇上困難或在逆境中是如何反應的。如果你的開悟只是「假我」製造的錯覺，那生命將很快就會出現考驗，引出你的無意識狀態：恐懼、憤怒、防衛、沮喪等。例如，一個妻子可能會碰到這樣的挑戰：丈夫完全活在思維中，對她無動於衷。她還可能碰到這樣的挑戰：他不肯傾聽，不給她空間和關注。在情感關係中，女性通常較容易感受到愛的匱乏，並因而喚醒女性的痛苦之身。因為痛苦之身作祟，妻子可能會做出反擊：責備、批評、討公道等。反過來，這又成了丈夫的挑戰。他會覺得妻子的反擊毫無道理，因而更深陷於自己的心智立場，最後，這又可能會喚醒他自己的痛苦之身。當夫妻兩人都落入這種境地，就會被拉進更深度的無意識狀態，不斷以情緒暴力相向，兇猛地攻擊和反擊對方，直到彼此的痛苦之身都發洩夠了，才得以返回休眠狀態，等待下一次被喚醒。

這只是無數可能的情況之一。對於男女關係是如何引出無意識狀態的，有相當多的著作描述，在此就不再贅述。不過正如先前說過的，我們只要理解心智失調的根本原因就已足夠，無需費事探究其各種展現。

現在我扼要整理一下上面所說的。每個挑戰都隱含著救贖的契機，在心智失調過程的每一個階段，人們都有機會擺脫無意識狀態。例如，妻子的敵意可以是一個訊號，一個讓丈夫走出認同心智狀態的訊號，轉而進入當下。女性也有可能透過觀察內在身體，汲取到當下的力量，為痛苦帶來轉化，這將使她不再不自覺地把痛苦向外宣洩。她可以把感受告訴丈夫，當然，丈夫不一定會傾聽，但那仍然是讓他得以臨在的一個機會，也是讓他擺脫固定的思考及反應模式的一個機會。如果妻子錯過這個契機，丈夫可以觀察自己對妻子痛苦的情緒反應，觀察自己的防衛心理，而不是對此反應。然後，他應該觀察自己被喚醒的痛苦之身，意識到自己的情緒，這樣，一個純粹和寂靜的空間就會開啟。它並不會否定痛苦的存在，卻可以超越痛苦；它接納一切又轉化一切。透過這扇門，太太將可以輕易與丈夫會合。

如果你持續在彼此關係中保持臨在，或至少常常處於臨在，這對你的伴侶將構成一大考驗。他將無法長久面對你的臨在，卻讓自己仍處於無意識狀態。如果他準備好了，就會走進你為他打開的門，和你一起處於臨在狀態。但如果他還沒準備好，你們就會像水和油，無法交融。對習慣了黑暗的人來說，迎向光是痛苦的。

為何女性比男性更容易邁向開悟

追求開悟的道路上，男性和女性碰到的障礙是一樣的嗎？

是的，但偏重的地方有所不同。一般對女性來說，感受和進入自己的身體容易多了，因此和男性相比，女性天生就更接近本體，理論上也較容易開悟。這也是為什麼許多古文明很自然地都以女性表徵或寓言，代表或比喻形而上的實相，其中子宮是最常見的象徵，因為它孕育和滋養了萬物。有著深邃智慧的中國古籍《道德經》對「道」（你也大可把它翻譯為本體）如此形容：「周行而不殆，可以為天下母。」從此觀點看來，女性天生比男性更貼近於「道」，因為女性實質上是未顯化狀態的體現。更甚者，根據《道德經》，萬事萬物終將回歸到源頭：「萬物復歸於道，唯道固存。」因為「源頭」被視為是女性的，所以在心理學和神話中，女性的原型被賦予了光明和黑暗兩面，也就是說，女神或聖母都包含了兩個面相：既是生命的賜予者，也是生命的收回者。

之後，隨著心智力量的高漲，以及人類失去與自己神性本質的連結，人們開始認定上帝是男性的。自此，社會變成由男性主導，女性被認為低男性一等。

我並非主張回歸古代的女性神祇觀。現在有人用Goddess一詞來代替God，這樣雖然可以扭轉長久以來的男女失衡，然而，不管你以什麼象徵或字眼來表示，那都只是像地圖或路標，短時間看似有用，有時卻又會阻礙你窺見超越所有概念與意象的實相。然而無可否認的是，心智的能量頻率本質上是男性的，心智喜歡攻擊、掌控、操弄、利用、戰鬥和佔有，這就是為什麼，我們在《舊約聖經》裡看到的上帝，像個喜歡掌控一切的家長，祂常常發怒，總是讓人害怕，這個上帝乃是人類心智的自我投射。

想要超越心智，想要與內在深處的本體重新產生連結，我們需要大不相同的心性：臣服、不評斷、以蘊藏於臨在中的愛包容萬物，所有這些心性都更具女性特質。心智能量是僵硬和僵化的，反觀本體的能量卻柔軟有彈性，和心智能量相比，更是強上無限倍。心智支配了我們的文化，然而本體則掌管所有存於地球甚至更廣大空間的生命。本體是至高的智性（Intelligence），有形宇宙便是它肉眼可見的顯現。雖然本質上，女性要比男性更接近本體，但男性同樣可以往內尋求到本體的。

當前，世上大多數的男女仍受到心智的箝制，視思考者（thinker）與痛苦之身為自我。這當然阻礙了開悟和愛的綻放。一般說來，男性面對的最大障礙是認同於思維，而女性則是認同於痛苦之身。不過有些男性或女性會剛好相反，又或是兩種障礙都同樣擁有。

瓦解女性的集體痛苦之身

為什麼痛苦之身會是女性的較大障礙呢？

痛苦之身包含了集體和個人兩面。個人的痛苦之身是由個人長久積聚的情緒痛苦形構的，集體的痛苦之身則由千百年來的疾病、凌虐、戰爭、謀殺、殘忍、瘋狂積聚而成的。個人的痛苦之身同時也揉合了集體的痛苦之身，例如，迭經憂患苦難的國家或民族，背負的集體痛苦之身就顯得更為沈重。任何具有痛苦之身卻意識不夠清明的人，都會不自覺地被迫宣洩自己的情緒痛苦，因此更容易成為暴力的施加者或受害者（是施加者還是受害者，端視他們的痛苦之身是處於活躍還是休眠狀態而定），相對地，這樣的人潛在上更接近開悟的狀態。當然了，這樣的潛能未必可以實現，但被困在惡夢裡的人，總比其他人更有強烈動機衝出惡夢。

除了個人的痛苦之身，每個女人也都分享著一個集體的女性痛苦之身，除非她意識全然清明。這個女性痛苦之身，是歷經幾千年的痛苦積聚而成的，部分來自於男性對女性的壓制、奴役、剝削、強暴，部分來自於分娩、喪子等創痛。許多女性在生理期之前和期間所感受的情緒痛苦和生理痛苦，就是她們的集體痛苦之身被喚醒所致（還有其他一些時機也可能喚醒它），它阻礙了生命能量在身體的自由流動，而月經正是其生理上的表徵。我們可視之為契機，一個讓人邁向開悟的契機。

在那段時間，女性會被這痛苦之身佔領。那是一種極為強烈的能量，輕易就可以讓人不自覺與之認同。它佔領了你的內在空間，偽裝成你的自我。它透過你說話，透過你行動，透過你思考。它會在你的生活中製造出一些不快樂，藉此從中吸取能量。它渴求更多的痛苦，任何形式的痛苦都可以，我前面已描寫過這樣的過程。它邪惡而具破壞性，它是純粹的痛苦，是過去的痛苦，但絕對不是你的自我。

目前，接近意識全然清明的女性人數已超越男性，展望未來，她們的人數將愈來愈多。也許最終男性會後來居上也說不定，但未來一段很長的時間裡，兩性間的落差仍會很大。女性正重新展現了她們與生俱來的功能，那些對女性來說，運作起來比男性更為自然的功能：扮演已顯化世界與未顯化狀態之間的橋樑，扮演肉體向度與靈性向度的中介。當前，女性的首要之務就是，轉化自己的痛苦之身，讓它不再橫亙於她們與自己的真我之間。當然，女性也必須排除另一個開悟的障礙，那就是思維的心智。只不過，當你瓦解痛苦之身時進入的強烈臨在狀態，同時也可以讓你擺脫心智的箝制。

必須記住的是，如果你透過痛苦建立身分的認同，就不可能瓦解你的痛苦之身。就算只有部分的自我感來自於你的情緒痛苦，還是會不自覺百般抵抗或破壞你自療痛苦的努力。為什麼呢？因為你想保持自我完整，然而痛苦卻已成為「你」不可分割的一部分。這是個無意識的過程，唯一克服的方法是，讓自己覺知到這樣的過程。

頓悟到自己竟會執迷於痛苦，可能會讓你大吃一驚。然而，當你覺知到這點的同時，你就掙脫了這種執迷。痛苦之身是一個能量場，看似一個實體（entity），它會暫時寄居於你的內在空間。那是一種被困住的生命能量，一種無法自由流淌的能量，當然，它之所以存在，是某些過去發生的事情所喚醒的。它**是**你內在活生生的過去，如果認同於它，就是認同於過去。這樣的認同將使你相信，過去要比當下更具有力量。使你相信，你是誰，是由別人過去對你做過的事所界定的，因此，你便產生了一種受害者意識，你將自己界定為一個受害者。事實上，唯一具有力量的時刻就只有當下。一旦你明白了，你就會知道，該為自己內在空間負責的人是你，而非其他任何人；過去的力量永遠不可能凌駕當下力量的。

所以，正因認同於過去讓你無法瓦解自己的痛苦之身。如今，有些女性開始覺醒，她們拋棄了個人層面的受害者意識，不過卻繼續執迷於集體層面的受害者意識。「看看男性對女性做過些什麼。」她們說。她們是對的，也是錯的。她們是對的，是因為女性的集體痛苦之身，確實是男性過去幾千年來暴力相向和壓制女性特質的結果。她們是錯的，則是因為她們從這個事實建立出一種身分認同，讓自己繼續被禁錮在集體的受害者意識。如果一個女性繼續停留在憤怒、怨恨和指控之中，她將繼續停留在她的痛苦之身裡，這也許會讓她有種穩固的自我感，一種與其他女性憂戚相關的感受，卻也讓她被過去捆綁，阻斷了通往本質與獲取真正力量的路途。如果女性視男性為假想敵，她們的孤立感就會愈強，小我也會愈來愈茁壯。小我愈茁壯，你離自己的真實本相便愈遠了。

所以，別依賴痛苦之身建立的自我認同，而應該利用它臻至開悟之境。將它轉化到意識的層面，其中一個最好的時機就是月經經期。我相信，未來幾年，一定有愈來愈多的女性，在月經經期間進入全然覺知的狀態。通常，對多數女性來說，那是一段無意識的時刻，是被女性的集體痛苦之身箝制的時刻。一旦你的意識提升到一定的清明狀態，就有可能扭轉情勢。你在經期期間，不是無意識的，反倒是意識相當清明。這樣的過程，我先前已談過，但這裡不妨再說一次，只是這次我將偏重於女性的集體痛苦之身。

當你知道月經臨近時，在感受到月經來臨的第一個訊號之前，也就是女性集體痛苦之身即將甦醒之前，你應該讓自己異常覺醒，盡可能全然安住在身體裡面。然後，當月經的第一個訊號出現，你要馬上「逮住」它，在它把你佔領以前便把它逮住。你感受到的可能是一種突然的、強烈的憤怒，也可能是一個純生理的徵狀，但不管是什麼，都記得在它擺佈你的思維或行為之前先逮住它，將你的注意力聚焦於它。如果那訊號是一種情緒，那就盡量去感覺它背後的強烈能量張力。在你「知道」（knowing）的同時，也就代表了你覺知到臨在意識，並感受到它的能量。任何的情緒在你進入臨在的同時，都將迅速消退和受到轉化。如果那訊號是一個純生理徵狀，專注於它可以避免讓它轉化為情緒或思維。接下來繼續保持警醒，等待痛苦之身的下一個訊號出現。一旦出現，依照前述方法再次把它逮住。

之後，當痛苦之身完全從休眠狀態甦醒時，你可能會經歷到內在空間強烈的動盪，從一陣子到幾天不等。不管呈現出來的形式如何，記得保持臨在，全然專注地觀察它，觀察內在的動盪，始終做為旁觀者。記住，千萬別讓痛苦之身支配你的心智，並佔領你的思維。監視你內在的痛苦之身，並直接感受它的能量，如你所知，全然地專注意味著全然地接納。

透過持續的觀察和接納，轉化就會發生。痛苦之身將被轉化為散發光芒的意識，這就好比把一塊木頭放入火裡，它就會變成火。如此，經期將不只是表達身為女性的歡樂和自我實現的時刻，也是孕育新意識的神聖轉化時刻。女性的真實本相將光芒四射，它既顯露了神性的女性特質層面，也顯露了超越男女二元性的神性本體層面。

如果你的伴侶意識夠清明，他就可以運用我剛才說的方法幫助你。假若你對痛苦之身陷入不自覺的認同，一旦他能保持臨在，那你將可以很快與他一起重新進入臨在狀態。這表示，即使你的痛苦之身暫時控制了你，無論是在生理期或其他時候，你的伴侶都不會誤把它當成你。即使你的痛苦之身對他予以反擊，他也不會對此做出反應，或退縮，或擺出防衛姿態，他會全然停留於臨在的空間——如果想要轉化無意識狀態，這樣就已足夠。反過來，同樣你也可以幫助他：每當他認同於自己的思維，就把他拉回來，讓他專注於此時此地，讓他可以從心智手中奪回自己的意識。

如此一來，一個純粹和高頻率的能量場就會在你們之間生起，永久存在。在這個能量場裡，沒有假象、沒有痛苦、沒有衝突、沒有不是**你**的東西、沒有不是愛的東西可以容身。這就是神性（divine）的自我實現，是情感關係中貫穿其間的重要目的。它將變成了意識的漩渦，捲進了更多其他的人。

放下你與「你自己」的關係

當一個人意識完全清明，他還需要伴侶嗎？這時，男人還會被女人吸引，或女人還會覺得少不了男人嗎？

不管開悟與否，你都只能是男人或女人。換言之，從形相層面看來，完整對你來說是永不可得的。你只是整體的一半，這種不完整性就是男女互相吸引的原因。所以無論意識有多清明，還是會受到異性能量的極大吸引。只是，如果你與本體有所連結，這樣的吸引力對你而言，只在生命的表層或邊緣有所作用。對你而言，整個世界就像是在一個浩瀚深邃的海洋表面掀起的浪花或漣漪。你就是那海洋，你也是那漣漪，不同的是，你已知道這個事實了，所以與浩瀚深邃的海洋相比，這個世界所顯現的浪花或漣漪便不再重要了。

但這並不表示你與他人或伴侶無法有著深刻的連結。事實上，**唯有**你覺知到本體，你與他人的關係才可能深化。來自本體的你，可以掀開形相所披覆的薄紗，在本體裡，男女是合一的。你的形相之身也許還持續有所需求，但本體卻不會感到任何匱乏，它本身就已是圓滿而完整了。如果你的外在需求獲得滿足，那當然很好，但不管它們是否獲得滿足，都不會因而增減你深邃的內在狀態。所以，開悟的人如果無法獲得異性的青睞，或許在其生命表層將會感受到些許的匱乏或不完整，然而其內在卻是全然完整、充實與和平的。

同性戀性向對於尋求開悟的人來說，是助力還是阻力，還是毫無差別？

當你長大，發現自己的性向異於他人時，也許會讓你疏離了社會的既有價值觀與行為準則。如此，你覺知到無意識主體的程度，將自動提升到比一般人高出一等，因為社會上大部分的人們，都毫無疑問地接納了這些價值觀和行為準則。就此而言，同性戀性向就是一種助力。因為與社會格格不入，因此活得比較辛苦，也因此有利於他們邁向開悟之境。它幾乎是以一股強大的拉力，把你強拉出無意識的狀態。

另一方面，如果你從自己的同性戀性向中建立了自我的認同，那你只是逃出了一個陷阱卻落入了另一個。你會依照心智編排給你的同性戀者角色思考行事，你將變得無意識，變得不真實。在你的那張「小我」的面具背後，你將變得極不快樂。如果你是如此，就表示同性戀性向對你構成了阻力。但你是有機會的，極度不快樂本身就是催人覺醒的極大助力。

是不是說，人需要先愛自己，先與自己建立良好關係，才能與他人建立良好關係？

如果你獨處時感到不自在，很自然會想找個伴，排解這樣的不自在。但我可以保證，你的不自在遲早會以另個形式捲土重來，而且你多半會將造成不自在的原因歸咎給你的伴侶。你真正需要的是，全面接納當下時刻。這樣，你將對此時此地感到自在，對自己感到自在。

你需要與自己建立良好關係嗎？何不做好你自己（be yourself）就好？當你試圖與自己建立關係，就是把自己分裂為二，分裂為「我」（I）與「我自己」（my self），分裂為主體與客體。心智創造的二元性是種種煩惱與衝突的根源，在開悟狀態中，你就是你自己，「你」與「你自己」是合而為一的，此時，你不會評斷自己，不會自傲，不會愛自己或恨自己。那個由自我反映的意識（self-reflective consciousness）所造成的二元分裂將再度癒合，它所帶來的詛咒也可以化解。沒有所謂的自我，需要你去保護、防衛或餵養了。當你開悟，你將不再擁有這樣的關係：你與「你自己」的關係。當你放下這樣的關係，你與其他一切的關係，都將是愛的關係了。

第九章

超越快樂與不快樂

——永恆的內在和平

超越善惡的至福

快樂與內在和平不同嗎？

是的。快樂（happiness）取決於正面的情境（positive conditions），內在和平（inner peace）則不需要。

我們有可能只是吸引到正面的情境嗎？我是說，如果我們的態度和思維總是正面的，

就只會顯化出正向的事件和處境嗎？

你真的知道什麼是福、什麼是禍嗎？你有一雙能綜觀全局的眼睛嗎？很多碰到禍事的人，到頭來反而發現自己獲益良多。禍事教會他們放開虛假的自我和小我，放開驅使他們去追逐的目標和欲望。禍事讓他們轉而深沈、謙卑和慈悲，禍事讓他們變得更為**真實**。

不管發生任何禍事，其中總隱含著深刻的教義，哪怕事發當下你並不知道。即使是小病或交通意外，仍然可以讓你知道，什麼是真實的、什麼是不真實的，什麼對你的生命來說真正重要、什麼不重要。

從更高的角度看來，你所面對的情境總是正面的。更精確地說，情境無所謂正面或負面，只是如其所是。當你能夠接納一切本然，這是唯一意識清明的生活方式，那你人生之中善與惡便不復存在，只有至福（higher good），而此至福之中也含括了所謂的「惡」。心智卻不是如此看待眼前的情境，它總是帶著有色眼鏡，總是要把事情劃分為禍福、喜惡、愛恨。根據《創世記》記載，亞當和夏娃之所以不允許被留在天國，正因為他們偷吃了「知識樹上的果子」，開始會分辨善惡。

你的話聽起來像是鼓勵我們採取鴕鳥心態或自我欺騙。你像是在說，當某些可怕的事（意外事故、疾病、死亡等）發生在我們或親人身上時，我們可以假裝它不是禍事。但它明明是禍事，為什麼要否認呢？

我不是要你假裝，我是要你接納。接納的態度可以讓你超越心智想去抗拒情境的模式，不再製造出二元化的思維，這是寬恕最基本的部分。寬恕當下比寬恕過去還要重要，如果你可以寬恕每一個當下，讓它如其所是，那你就不會累積一些日後才需要加以寬恕的怨恨。

要記住，我們在這裡談的不是快樂。例如，如果你摯愛的親人剛剛死去，或你感覺死亡正在臨近，你一定不會快樂的。在這些情況下，沒有人可以快樂得起來，但在這些時刻，你卻**可以**保持內在和平。你也許還是會憂愁和流淚，但只要你不再抗拒，在你憂愁底下便會浮現深沈的寂靜以及神聖的臨在。那是本體所流露出來的，是一種內在的和平，是沒有對立面的「善」。

但如果我知道該如何扭轉逆境，那我如何只是接納逆境並因而改變它呢？

做你必須做的事，與此同時，接受當下的本然。由於心智與抗拒是同義詞，愈快接納情境，愈快可以讓你擺脫心智的支配，從而與本體重新連結。這樣，小我慣常的情緒反應，如恐懼、貪婪、控制欲及防衛心就不會生起。此時，一個比心智更高的智性將接管一切，而你所採取的行動，也因此更為有效。

「接納生命中的任何插曲，還有什麼比這更符合你所需求的？」兩千年前，奧勒留（Marcus Aurelius，譯註：羅馬皇帝、斯多噶派哲人，著有《沈思錄》）這樣說過，他是史上罕見的人類，既擁有塵世的權力，同時也擁有智慧。

似乎大部分的人們都須經歷重大苦難，才學會不再抗拒，學會接納，從而學會寬恕。一旦他們這麼做了，一個最不可思議的奇蹟就會發生：苦難將轉化為內在的和平。世上的禍事與苦難終將迫使人類認識到，他們的本質是超越名字和形相的，因此，那些從人類狹隘眼光認定的禍事，實際上乃是沒有對立面的「至福」的一部分。不過，在你沒能寬恕以前，這樣的轉化是不會降臨的。在那之前，禍事不會有所轉化，它始終就是禍事。

所謂寬恕，其真義就是領悟到過去是不真實的，並讓當下時刻如其所是。透過寬恕，轉化的奇蹟將不只於外在，也會發生於內在。一個強烈臨在的寂靜空間，將會在你裡面和四周展現。任誰進了這個意識場都無法不受影響，這影響有時立即可見，有時則不明顯，要待日後才會帶來可見的改變。你不需**做**任何事，只要透過本體並保持強烈的臨在頻率，便足以瓦解混亂、治癒傷痛和驅散無意識狀態。

人生戲碼的終結

當你處於接納與內在和平的狀態，固然不會把任何事看成是禍事，但從一般意識的角度看來，「禍事」還是可能會發生，不是嗎？

大部分所謂的「禍事」，都是因為人們生活在無意識狀態所引發的。它們是你自己創造的，更精確地說，是小我製造出來的，我有時會稱這些禍事為「人生戲碼」。當你的意識完全清明，這些戲碼就無由進入你的生活。以下，我會簡要地複述一下小我是如何運作，以及它如何捏造出「人生戲碼」。

小我是不受監視的心智，只要你離開了臨在狀態，它就趁機支配你的生命。小我視自己為孤立的碎片，住在一個充滿敵意的宇宙裡，與其他事物沒有內在連結，四周有許多他人小我圍繞著，並視這些他人小我為潛在的威脅，或是可以讓自己達成目的的工具。小我的基本行為模式，是用來對付自己的恐懼和匱乏，這些模式包括抗拒、控制、權力欲、貪婪、防衛和攻擊。有些小我的策略極端聰明，但它們從不能真正解決任何問題，這是因為，小我的問題源頭就是自己。

當一些小我集聚一起（不管是以個人的或組織的形式），禍事或人生戲碼遲早也會上演，包括了衝突、權力鬥爭、情緒暴力和行為暴力等等，也包括了戰爭、種族屠殺、剝削等因集體無意識狀態所引起的禍事。另外，許多疾病也是小我的持續抗拒心理所引起的，因為每當你抗拒當下，體內的能量便會阻塞，無法自由流動。當你與本體重新連結，不再受心智支配，那這些人生劇碼也將從此落幕。

兩個或以上的小我集聚，便可以演出某個人生戲碼。即便孤單一人，同樣也能自導自演。當你感到內疚或焦慮，那便是戲。為自己感到遺憾，這也是戲。當你任由過去或未來掩蓋了現在，當你製造「心理時間」，這些都是人生大戲的腳本。只要你不重視當下，不允許它如如呈現，你就是在編寫一齣齣的人生戲碼。

大部分的人們對於這些獨特的戲碼都非常沈迷，這些上演的情節就是他們的身分認同。小我支配了他們的人生，他們完全相信這個小我就是自己，即使他們希望尋得人生的解答、出口，或療癒的方法，那也只是小我運作的一部分，也因此通常不會成功的。事實上，他們最感到害怕和抗拒的，就是這些戲碼落幕了。也就是說，只要人們繼續認同於心智，那他們最害怕和抗拒的就是自我的覺醒。

當你完全接納事物的本然，自然而然就會終結所有的人生戲碼。屆時，甚至沒人能再與你爭論什麼，無論他如何努力都是枉然的。一個意識完全清明的人，不可能與別人爭論什麼。爭論意味著認同於心智和某種立場，意味著你抗拒與反對別人的立場，其所導致的結果是兩極對立，彼此灌注對方負面的能量，這是無意識狀態的固定反應模式。如果你的意識完全清明就不會如此，你同樣擁有自己的主張，同樣可以堅定且清晰地說出自己的主張，不過你不會想要防衛自己或攻擊他人，所以，這樣的主張將不會成為人生戲碼的一個橋段，當你意識完全清明，衝突就不復存在。《奇蹟課程》一書指出，「完全與自己合一的人，無法想像衝突。」這裡所指的「衝突」，不只是你與他人的衝突，還是一種更為基本的衝突：你與自己的衝突。一旦心智和本然兩造的需求和期待之間，不再相互抵觸，那麼你的內在也將不再產生任何衝突了。

生命的無常和興衰循環

不過，只要你還是位於生理的向度，還是與人類集體心智有所連結，那麼就算機會不大，你仍有可能會繼續感受到生理痛楚（physical pain）。請不要把它與痛苦（suffering）搞混，後者指的是心理上、情緒上的痛苦。所有的痛苦（suffering）都是由小我製造，是因抗拒而來的。同樣的，只要你還位於這個向度中，你就會受到興衰循環和萬物無常的法則制約，只不過，你不再視它們為「禍事」，你知道它們只是事物的本然。

因為接納萬事萬物的本然樣貌（isness），一個更為深沈的向度就會展開。你的內心將感受到永恆的臨在、常駐的寂靜、超越禍福的喜悅，這就是本體所帶來的喜悅，上帝所賜予的和平。

形相有生有死，有起有落。這現象隨處可見：星球、人體、花草樹木、國家、政權、文明都有其生命週期，有興起、衰落和死亡，個人的人生也必然經歷禍福的輪轉。

你的人生有時順遂，一切如你所願；有時不順遂，讓你事事不如意。面對不順遂，你必須放下，騰出空間讓新的週期可以展開，或讓改變可能發生。如果你一味執著於順遂，那就表示你抗拒依隨生命的流動而流動，如此，痛苦就產生了。

其實，順遂不一定是「好事」，不順遂也不一定是「壞事」，認定此好彼壞只是心智上的習慣。我們總認為成長是好事，但沒有任何事物是可以永遠成長下去的。而且，不管任何事物，若無限度成長，終將變為怪物，深具破壞力。衰退之後才能再度成長，兩者是互相依存的。

對修行來說，不順遂是不可少的。你必須要在某處跌得很重，或經歷深度的失去或痛苦，才能被引領到靈性的向度。又或許你的人生看似非常成功，內在的向度卻沒有成長，那你還是會感覺到這些成功是如此的空虛而無意義，就像失敗一樣。每個成功的背後都隱藏著失敗，每個失敗的背後也都隱藏著成功。當然，在形相的世界裡，每個人遲早都會「失敗」的，每種成就最後都會灰飛湮滅，萬法無常。

不過，活在形相世界的階段，你無妨繼續積極追求各種成就、享受成功，只不過，你不以這些成功界定自己，你會知道，它們不是你的生命，只是你的人生處境。

人的生理能量同樣受興衰循環的牽引。你的生理能量不可能永遠處於巔峰，它有高潮也有低潮。有些時候，你會感到活力充沛，有些時候卻又感到有氣無力、不思進取。一個循環可歷時幾小時到幾年不等，大循環裡又含括了不同的大、小循環。許多疾病都是因為我們抗拒能量低潮，不知能量低潮是能量再生所必須而造成的。如果人們總是以外在成就界定自己，就會像得了強迫症，讓自己忙個不停。也因此，接受能量低潮並讓它如其所是，對他們來說是如此困難和不可能。然而，身體這個有機體是有智慧的，它為了保護自我，便製造出疾病，逼你停下腳步，讓下一階段的能量再生有時間進行。

本質上，宇宙的興衰循環與萬物無常是息息相關的，佛陀以此做為祂教誨的核心。正如祂指出的，所有的情境都是非常不穩定且不停變動的，所以，無常是人生任何情境的本質特徵。它們會改變、會消失，或變得不能再讓你滿足了。無常也是耶穌的教誨核心：「不要為自己積攢財寶在地上，地上有蟲子咬，能鏽壞，也有賊挖窟窿來偷。」

一旦被心智認定是「好」的情境，無論是感情、財產、社會地位、地點或容貌，它就會執迷其中，與之認同。那樣的情境會讓你快樂，讓你自我感覺良好，還會成為你的本質的一部分（至少你自己這樣認為）。但在這個有蟲子咬、東西會鏽壞的世界裡，沒有什麼是永久的。情境終將消失、改變，甚或完全反轉，讓你感到快樂的相同情境，突然間或漸漸地會讓你感到不快樂。今日的繁華變成了明日的頹圮，快樂婚禮和蜜月變成了明日的不和諧婚姻或痛苦的離婚結局。有時，情境的消失本身便足以讓人不快樂，心智無法接受它所執迷的東西不見了或改變了，它會依戀不捨，抗拒變化，覺得自己猶如被扯下手腳。

有些破產或身敗名裂的人會以自殺結束生命，這都是極端的例子，更多時候，失敗的人只會陷於極度不快樂或悶出病來，他們不知道生命與人生處境是不同的。最近，有位知名女明星逝世，享年八十多歲，聽說，她生前因為年華老去、美貌不再，變得極度不快樂，足不出戶。她誤將自我等同於一種情境，她的外貌。一開始，她的外貌的確帶給她極大的快樂，之後卻也帶給她極大的不快樂。如果她能夠與無形無相、無時間的內在生命有所連結，那她就可以從一個寂靜祥和的內在空間，注視著自己逐漸衰老，而不以為意。更甚者，如果她可以讓自己不受歲月摧殘的真實本相散發出光芒，照亮她的外在形相，那麼她的美貌將不會真正減損，而是轉化成一種靈性上的美。然而，沒有人告訴她這個道理，關於這些最重要的知識，迄今還不被廣為人知。

佛陀說過，即便快樂也是**苦**（dukkha）。dukkha是巴利文，意指「痛苦」或「不滿足」。快樂和它的對立面是不可分的，換言之，你的快樂與不快樂事實上是同件事，只有落入時間假象的人，才會以為它們是分開的。

這不是一種消極的心態，而是認識到事物的本質，好讓你不用一輩子都在追逐這樣的假象。這並不是說，你再也不用去欣賞美好的事物或環境。不過，如果你想透過它們追尋它們所不能給予的東西，那就只是在自招挫折與痛苦。一旦所有的人都開悟了，不再企圖透過事物建立身分認同，那麼廣告業與消費社會都將因而崩解。你愈透過物質尋求快樂，快樂就愈規避你。物質只能帶給你短暫且膚淺的滿足，不過一般人都需了解這個真理之後，才能大徹大悟。物與境可以帶給你歡愉（pleasure），卻無法帶給你**喜悅**（joy）。沒有任何事物可以**給予**你喜悅的，喜悅是沒有原因的，它只能從本體的喜悅裡自然生起。它是內在寂靜狀態的基本部分，那是我們所謂上帝所賜予的和平。它是你的自然狀態，無需你苦苦爭取或達成。

很多人不明白，「救贖」不是可以去爭取、擁有和達成的。然而，明白這道理的人，又往往容易厭世和感到沮喪，他們認為既然救贖不可「得」，那一切的努力又有何意義？《舊約聖經》〈傳道書〉作者顯然就是這種人，所以才會說：「因為在日光之下所行的事我都以為煩惱，都是虛空，都是捕風。」當你明白這道理，你離絕望便只有一步之遙，但離開悟亦只有一步之遙。

一位佛教僧人告訴我：「出家二十年，我學到的事情可以用一句話總結：有生必有滅。」他的意思當然是，我學會不去抗拒事物的本然，我學會讓當下時刻如如呈現，接受萬物與萬境的無常本性，他由此找到了內在和平。

不去抗拒生命，就是活在輕鬆自在裡。這種狀態不需依賴外物，不會有禍福的比較。也許聽起來弔詭，但當你對外在形相的內在依賴消失之後，人生的一般處境（也就是你的外在形相），一般都會獲得大大改觀。你本來認為可以為人們帶來快樂的人事物自然會來到你身邊，而你也可以在它們存在的期間好好享受它們。當然，最終全都會消逝，成住壞空的循環是不息的。但當你不再依賴，你便不再恐懼失去，你的生命將從此自在流淌。

從外在得到的快樂是不會深刻的，它只是本體的喜悅的模糊反映。本體可以讓你超越心智的兩元性傾向，帶你擺脫對形相的依賴。哪怕四周的一切終將分崩離析，你內在深處的寂靜依然不動如山。你也許不是快樂的，但你將感到內在和平。

運用並擺脫負面情緒

所有對當下的抗拒，都會表現為某種形式的負面情緒。所有的負面情緒都是一種抗拒。在這個脈絡裡，抗拒和負面情緒幾乎可說是同義詞。從微慍到不耐煩到盛怒，從憂鬱到沮喪到絕望，全都是負面情緒。有時，抗拒會喚醒痛苦之身，此時，一些微不足道的小事，也足以引起激烈的負面情緒，如憤怒、沮喪或深度悲傷等。

小我相信，透過負面情緒，它可以掌控環境，得到它想要的東西。它相信，透過負面情緒，它可以吸引到想要的情境或擺脫討厭的情境。《奇蹟課程》一書正確地指出，每當你不快樂，你會不自覺相信，這不快樂可以「買到」你想要的東西。如果「你」（即心智）不相信不快樂有此作用，又何必製造它呢？但事實是，負面情緒是無法發揮作用的，它不只無法改善情境，還會讓那情境變得更糟；它不只無法擺脫討厭的情境，反而會讓那情境維持不變。負面情緒唯一的「用處」只在強化小我，這也是為何小我深愛此道。

一旦你認同於某種負面情緒，將不會願意擺脫它，而且在你內心深處也不會希望看到情境獲得改善。因為，一旦改善了，你的自我認同便難以為繼，你不再是個沮喪、易怒或憂鬱的人了。所以，有些人努力抗拒人生處境的進一步改善。這相當普遍，你可以說這些人是神智不清了吧。

負面情緒完全是違背自然的。它是一種心理污染，而大自然會受到毒化和污染，與人類集體心智積聚了大量的負面情緒息息相關。地球上沒有其他生命形式具有負面情緒，只有人類，一如沒有其他生命形式會去毒化它們賴以生存的地球。你可曾見過一朵不快樂的花或一棵情緒緊繃的櫟樹？可曾見過一隻憂鬱的海豚、一隻為自尊問題煩惱的青蛙，或一隻心懷怨恨的小鳥？唯一會表現出類似負面情緒的動物，是那些與人類緊密生活的寵物，而牠們之所以會如此，是因為受到人類心智和神智不清的狀態影響。

觀察任何植物和動物，讓它們教導你如何學習接納本然、臣服當下，讓它們教導你何謂本體，讓它們教導你何謂做自己、忠於自己，讓它們教導你怎樣生、怎樣死，怎樣**不把**生死當成煩惱。

我曾和幾位禪師同住——全都是貓咪，就連鴨子也教過我重要的靈性課程，光是觀察牠們的動靜就是一種禪修。牠們的浮游是何等地安詳自在，何等地臨於當下。不過，偶爾鴨子也會打架，有時是因為一隻侵犯了另一隻的地盤，有時則沒有任何可見的理由。牠們打架總只維持幾秒鐘，然後兩隻鴨子就會分開，朝相反方向游去，一面游一面猛力拍打翅膀好幾下。第一次觀察到這種現象時，我忽然領悟，牠們拍打翅膀，是為了釋放過多的能量，讓這些能量不再積蓄體內，轉變為負面情緒。這是一種與生俱來的智慧，對鴨子來說，擁有這種智慧輕而易舉，因為牠們無心無念，不會讓過去活在腦子裡，再用它來建構自我。

負面情緒會不會也包含了重要的信息？例如，如果我感到沮喪，那也許是意味我的生活哪裡不對勁了；沮喪迫使我注意到這件事，讓我想要解決和改變它，所以我應該傾聽情緒說話，而不是逕稱之為負面情緒而忽略它。

是的。反覆出現的負面情緒就像疾病一樣，有時是包含了某種信息。但是，不管你對你所面對的工作、關係或是環境做何改變，除非你是處於覺知的狀態，否則都是徒勞無功的。所以，你需要做的只是，更充分地臨於當下。當你進入一定程度的臨在狀態，就不再需要倚靠負面情緒傳遞你所需要知道的信息。不過，每當負面情緒出現，應該將它視為提醒自己需要更充分臨在的信號。

怎樣才能阻止負面情緒生起？怎樣才能在它一出現就把它除去？

我說過，阻止它生起的方法就是充分地臨於當下。不過不必為你做不到而感到洩氣。目前，世上能保持臨在狀態的人寥寥無幾。不過，我相信不久之後，這樣的人會愈來愈多。

每當意識到負面情緒生起時，不要視之為自己的失敗，而該視之為一個有利的信號，提醒你：「醒來。走出心智。臨於當下。」

英國作家赫胥黎（Aldous Huxley）晚年寫過一本叫《島》（*Island*）的小說，它對致力於靈修的人助益良多。故事講述一個人因為船難，流落荒島，遠離文明世界。這個島本身有個獨特的文化，最不尋常之處是島上所有的居民意識都非常清明。男主角第一件注意到的，就是一些色彩斑斕的鸚鵡老在樹上說著同樣的話：「注意。此時此刻。注意。此時此刻。」後來他才知道，這些話是島民教鸚鵡說的，好讓他們時刻記得要臨於當下。

所以，凡有任何負面情緒在你內心升起（不管是外在因素，還是內心的一個想法，甚或不知其由引起的），凝視它，對自己說：「注意。此時此刻。醒來。」就連最輕微的怒意，也是你必須注意和觀察的，否則，不自覺的情況下，它將積少成多。誠如我說過的，一旦你明白自己不想要這個內在的負面能量場，明白它毫無用處時，你也許就有能力擺脫它。但請務必徹底脫離，如果無法如此，那就接受它的本然，專注於它所帶給你的感受。

另一個擺脫負面情緒的方法是，想像你變成透明人，讓那些不快的事情無法傷害你。我建議一開始這麼做時，找一些瑣碎的日常小事做為練習的對象，例如，汽車的喇叭聲。當你獨自靜坐在家裡，突然間，汽車在街上響起刺耳的喇叭聲，讓你微覺惱怒。這種惱怒有什麼作用？沒有，那你為什麼要創造它？不是你創造的，是心智創造的，它是全然自動生起的，完全是無意識的產物。心智為什麼要創造它？是因為心智相信，抗拒（這抗拒在你身上表現為負面情緒）可以擺脫這討厭的情境。這當然是荒謬的，事實上，心智所做出的抗拒（表現為憤怒），要比它意欲擺脫的討厭情境更讓人困擾呢。

很多事情都可以轉化為靈修的對象。如前所說的，想像自己是透明的，不具任何形體，然後，任由引起你負面情緒的所有噪音直直穿透過去，此時，它不會在你裡面碰到任何一面「牆」。我說過，初用這方法應以瑣碎小事為練習對象，汽車喇叭聲、狗吠聲、嬰兒哭鬧聲、塞車這些情境，都是很適合的對象。與其豎起一面抗拒的「牆」，讓你被討厭的事物擊中、擊痛，倒不如讓一切不快的事物直直穿透你的身體，不做停留。

如果有人對你說了無禮或是蓄意傷害的話，也可以用上述方法處理。遇到這種事的時候，不要讓無意識行為或負面情緒掌控你，不要試圖攻擊或防衛，讓你變成透明的，讓那些話直直穿透身體，不要抗拒，當作對方根本沒說過那些話，**這**就是寬恕。這樣，你就會變得刀槍不入、水火不侵。如果需要的話，也可以告訴對方，他的言行是不恰當的，但不管怎樣，對方不再足以影響你的內在狀態。這時，決定權掌握在你手中，不在別人手中，同時你也不再受到心智的支配。不管是面對汽車喇叭聲、粗魯的對待、洪水、地震或失去所有的財產，心智的抗拒機轉都是一樣的，而你同樣也可以用此方法應對。

我練習過靜坐，參加過禪修會，讀過許多有關靈修的書，試過培養不抗拒的狀態，但如果你問我是不是找到了真正而持久的內在和平，我必須誠實地回答：沒有。為什麼我無

法達到那個境界？還有別的辦法嗎？

你所做的一切，都在向外探求。你總是想著，說不定下個禪修會管用，說不定還有別的靈修方法會管用。我要奉勸你，別去追尋內在和平，別去追尋任何當下狀態以外的狀態，否則你將陷入衝突和抗拒。寬恕自己，別為了得不到內在和平而自怨自艾。在你能**完全**接納自己內心不安的那一刻，你的不安就會被轉化為內在和平。任何被你完全接納的東西都會開始蛻變，帶領你進入內在和平，這就是臣服的神奇法力。

你大概聽過「連左臉也轉過來由他打」這句話，它出自兩千年前一位開悟的智者。這位智者想藉此比喻，說明不抗拒和不回應的道理。如同他所有的教誨，這句話說的不是你外在行為應該如何，而是你的內在心態應該如何。

你聽過蕃山（Banzan）的故事嗎？在成為偉大的禪師以前，他花了很多年的時間追求開悟，卻渺不可得。然後有一天，他走過菜市場的時候，無意中聽到一個屠夫和客人的對話。「給我最好的肉。」客人說。屠夫答：「我這裡每塊肉都是最好的。沒有一塊不是最好的。」聽了這話，蕃山頓悟了。

當你接納了一切，每塊肉（即每個當下）都會是最好的，這就是開悟。

慈悲的本質

超越了心智創造出來的種種二元對立，你將變成像一座深邃的湖泊。一切外在的境遇都只是湖泊的表面，這個表面有時平靜、有時波動，依季節和天氣的變化有所不同。然而，湖的深處卻是毫無波動的。你就是整個湖，既有表面，也有深處，而那深處是寂然不動的。因為不執著於任何境遇，所以你不會抗拒任何的變化。你的內在和平不倚賴外境維繫，你安住在沒有變動、沒有時間、沒有死亡的本體裡，不再倚賴變化多端的外在世界所帶來的快樂或成就。你享受這一切，遊戲其間，創造出新的形相，並欣賞各種形相的美。

然而，你不再需要倚附於任何形相之上了。

到達這種超然境界之後，是否就意味你會與其他人類愈來愈疏離？

正好相反。只要你無法覺知到本體，就會對自己的真實本相感到困惑，同樣地也會對其他人類的真實本相感到困惑。你的心智會對別人的形相（包括外表與心智兩方面）有所好惡，然而，真正的溝通只在覺知到本體的情況下才成為可能。從本體來覺知，你將看出別人的外表或心智只是一道簾幕，在此簾幕的後面才是他們的真實本相。所以，遇到別人無意識的粗暴行為，如果可以臨於當下並與本體有所連結，你將穿透對方的形相，感受到他內在那散發光芒的純粹本體。從本體的層面看來，所有的痛苦（suffering）都只是假象，痛苦來自認同於形相。如果對方已經準備好，你將可以透過你自己的本體，喚醒對方的本體意識（Being-consciousness），讓這治療的奇蹟得以發生。

這就是所謂的慈悲？

是的。所謂慈悲（compassion），就是體認到你與眾生有著深沈的連結。但慈悲是具有雙重本質的。一方面，因為你仍具有肉身，所以你與眾生皆同，都是脆弱且終將死亡的。下次當你說「我跟那個人沒什麼共通處」這句話的時候，應該記住，你跟那個人是有很多共通處的。一些年以後（也許是兩年、也許是七十年），你們都將死去、腐化，然後化為塵土。這是不爭的事實，所以人類實在沒什麼好驕傲自大的。這聽起來很消極嗎？一點也不，這只是一個事實，為何要忽視它呢？在此意義下，你和眾生是完全平等的。

一個有力的靈修方法，就是深深冥想生理形相（包括你自己的）的必死性（mortality）。這種方法稱為「死前先死」。想像你的身體形相正在腐化，到最後蕩然無存，繼而想像你的所有心智形相與思維盡皆死去。之後，你會發現**你**還在，你神性的臨在本質還在，散發著光芒並全然覺醒。你會知道，除了名字、形相和假象，沒有任何真實的事物會死去。

了悟這個無生死的向度（也就是你的真實本相）是慈悲的另一面。透過深刻的自我感受，你不只體認到自己是不滅的（immortality），還透過你的不滅性，體認到其他眾生也同樣不滅。從形相的層面看來，你和眾生一樣命懸一線和終將一死；但從本體的層面看來，你卻與眾生共享永恆、發光的生命，這就是慈悲的雙重面向。在慈悲裡，悲戚與喜悅這兩種看似相反的感受是合而為一的，將一起轉化為深邃的內在和平。這就是上帝所賜予的和平，是人類最高貴的感情之一，具有莫大的療癒力量與轉化力量。然而，正如我說過的，真正擁有慈悲心的人仍是鳳毛麟角。能夠對他人的痛苦感同身受，固然需要極度清明的意識，但那仍然只是慈悲的一個面向，是不完整的。真正的慈悲不會停留於感同身受，真正的慈悲只會發生在悲戚與喜悅合而為一之際，那喜悅是來自超越形相的本體的喜悅，是永恆生命所帶來的喜悅。

邁向迥異於今日的世界

我不認為身體一定會死亡，我深信長生不死是有可能的。我相信，身體會死，只是因為我們認定它會死。

身體會死亡，不是因為你認定它會死。相反的，身體會存在或看似存在，卻正是因為你相信死亡的存在。生與死是同一假象的兩面，是小我心智虛構出來的。這樣的心智無從覺知到生命的「源頭」，它自以為是孤立的存在，老覺得受到威脅。於是創造了一個錯覺，讓你以為有個恆常受到威脅的生理機器存在。

將自己視為一個會生而後死的脆弱身體純屬錯覺。生與死源於同一個錯覺，有一就會有二。當然了，你想保留其中一個，趕走另外一個，但這是不可能的。你只有兩種選擇：兩者兼要，或兩者皆拋。

然而，你無法逃離身體，也沒有必要如此。身體是你對自己真實本相不可置信的錯覺，但是，你的真實本相不在外在，而是被封藏在這個錯覺的某個角落裡。身體是你唯一可以通往真實本相的管道。

如果你把一位天使誤認為一尊石像，那你需要的，只是靠近看清楚「石像」，而不是到別處去找，那你將發現那裡從未有過什麼石像。

如果我們是因為相信死亡才創造出身體，那為什麼動物會有身體？動物可是沒有小我的，牠們也沒有死亡的觀念……

但牠們同樣會死，至少看起來是如此。記住，你對世界的認知乃是你的意識狀態的反映，你並沒有與它分離，而且也沒有所謂的客觀世界存在。時時刻刻，你的意識都在創造這個你所居住的世界。現代物理學的一大發現就是，觀察者與被觀察者是分不開的，只要觀察者的視角不同，被觀察現象的行為方式也會有所改變。所以，如果你相信每個人都是孤立的原子，需要因生存而鬥爭，那你所看到的一切就是如此，你的世界將充滿死亡、鬥爭、殺戮，以及彼此相殘。

事物並非如外表可見的那樣。心智創造和看見的世界，也許非常不完美，甚至是個流淚谷。但你所看到的只是一些符號，就像夢中所見的事物，它們是意識對宇宙的分子能量（這種能量乃是組成所謂物理實相的原料）所做出的詮釋。所以，你既可以把世界詮釋為一個生死場、一個生存鬥爭之所，又或者其他。對世界的詮釋可以有無限多種，而這些不同的詮釋都可以映照出不同的世界。此外，每種生物都有其意識的焦點，因而會創造出自己的世界，所以，既有人類世界，又有螞蟻世界、海豚世界等等。另外，還有無數生物因意識頻率與人類大不相同，以致無從發現它們的存在，同樣的，它們也感覺不到我們的存在。意識高度清明的人，因為覺知到與源頭以及與眾生的連結，所以他們居住的世界，在你看來會猶如仙境，然而，所有的世界歸根究柢只有一個。

人類世界主要是透過心智的意識層面所創造的，然而，這個人類世界實則有著巨大的分歧，包含了許多的「次世界」（sub-worlds），分別由對世界有著不同認知的眾生所構成。但由於世界是相連的，所以當人類的集體意識得到轉化，自然界和動物王國同樣也會反映出這種轉化。這就是《聖經》為何寫著，在未來，「豹子與山羊羔同臥。」這話指出了，一個迥異於今日的世界，不是不可能存在的。

我說過，世界如今呈現的樣貌，主要是小我心智的反映。小我總是充滿恐懼，因此這個世界也受到恐懼支配。一如夢境主要是內在情感的反映，當前的世界也是積滿了恐懼和負面情緒的人類集體心智的反映。我們無法與世界分離，所以，當大部分的人類能夠擺脫小我製造的假象，這種內在的轉化亦同時反映到世界的樣貌上面。屆時，你將真正來到了一個新世界。佛家之所以說，每棵樹和每株草最終皆會得到開悟，就是這個道理。聖保羅亦說過，萬物正等待著人類的開悟，「整個受造的宇宙都殷切期盼著上帝諸子的顯現。」此外，聖保羅也指出，所有受造物都會透過人類的開悟得到救贖，「及至現在……整個受造的宇宙和它的各部分都像分娩一樣呻吟著。」

一種新的意識正被孕育著，而因世界是意識的反映，所以新世界也即將降臨。關於這個新世界，《新約聖經》的〈啟示錄〉早有預言：「我又看見一個新天新地，因為先前的天地已經過去了。」

但別把因果混為一談。你的首要任務不是透過創造一個更美好的世界找到救贖，而是從形相的幻夢中甦醒過來。如此，你將不再受到世界和真實本相的束縛，你可以在未顯化狀態感受到自己的源頭，擺脫對世界的執迷。你仍然可以享受感官之樂，卻無懼於失去，不會放不下它們。你的貪嗔已經消失，連帶地，你對心理滿足的需求、對餵養小我的需求也消失了。你已深知有些東西比起任何快樂、任何已顯化事物更顯珍貴。

也就是說，開悟後你將不再需要這個世界，你甚至不需要它有所改變。

你開始為改善世界，為重建萬物秩序做出真正的貢獻。你內心生起了真正的慈悲，並能從「因」的層面來幫助別人。只有能擺脫世界支配的人，才能帶來更美好的世界。

我說過，慈悲具有其雙重的本質，也就是可以同時覺知到萬物必死和不滅。從這個更深的層面看來，慈悲具有最廣義的療癒力量。你的影響不是來自於做了什麼，而是來自你自然散發的光芒。不管自覺與否，每個接觸過你的人，都會被你的臨在狀態觸動，被你散發的內在和平影響。當你能夠充分臨在，即使周遭的人都表現出無意識行為，你也不會覺得有反擊的需要，因為你知道那不是實相。你的內在和平是如此地廣大深邃，以致任何不安的事物都因而化解，彷彿從未存在過。動物、樹木、花朵都將感應到你的內在和平，與之共鳴。你將透過你的本體教導萬物，透過上帝所賜的內在和平教導萬物。你將成為「世上的光」（譯註：語出耶穌），成為散發光芒的純意識，你在「因」的層面上化解了苦難，最終，你將化解這世上存有的無意識狀態。

不過，這不是說你不能以行動教導他人，例如教導他人如何擺脫對心智的認同、如何發現自己的無意識模式等等。然而，你身教的影響力是大於言教的，更具有轉化世界的力量。

進一步，認識到本體的重要性，從「因」的層面著手，不要不相信你的慈悲將同時影響到你正在做什麼，以及透過這些善行，你將可以減輕他人受苦（屬於「果」的層面）。例如，當你遇到餓肚子的人向你乞討麵包，而你剛好有一些可以給他。不過，當你給他麵包的時候，真正重要的是你會讓他感受到本體、感受到人我合一，如此一來麵包就只是一種象徵罷了，一種深沈的療癒力量會自對方內在生起，在那一刻，既沒有施捨者，也沒有受施捨者。

難道我們不是應該首先消滅貧窮和飢餓嗎？當飢餓和暴力這些「惡」未被剷除之先，世界怎麼可能變得更美好？

所有的「惡」都受到無意識的**影響**。你可以改善這些「惡果」，但在沒有消滅它們的「因」之前，是無法將「果」消滅的。真正的改變只能從內而外，而不是將之消滅。

如果你自覺背負減輕世界痛苦的使命（這是一種高貴情操），記住不要只專注於外在世界。人類意識若不經歷深沈的轉化，世界的苦難終將永無止盡，所以，不要讓你的慈悲只是單面向的。你應該感同身受別人的痛苦匱乏，但也應該同時體悟到所有生命原是永恆，痛苦歸根究柢只是幻象。接著，你讓自己的內在和平流注到所做的事情上，這樣，你自能同時於「因」與「果」兩個層次發揮應有的作用。

如果你致力於制止那些深度無意識的人類繼續毀滅自己、彼此和地球，制止他們繼續把可怕痛苦施予其他有情眾生，你同樣應該使用上述方法。就像你無法打敗黑暗，你也無法打敗無意識，如果你試圖這樣做，對立的狀況將更加根深柢固。你將認同於一方，製造出「敵人」，因而陷入了無意識狀態。所以，你應該不斷散發信息，讓世人更加覺醒，或者你至多只是消極的抵制，當你這樣做的時候，要確定心中沒有抗拒、沒有仇恨、沒有負面情緒。「愛你的敵人。」耶穌這樣說過，他的意思當然是叫我們「不要製造敵人」。

一旦你太注重「果」的層面，很容易迷失其間。應該保持警醒，保持非常、非常強烈的臨在。應該將焦點放在「因」的層面，以教導他人開悟做為主要的目標，以內在和平做為你送給這個世界最珍貴的禮物。

第十章
臣服的意義

接納當下

你多次提到「臣服」，我不喜歡這個觀念。它聽起來有點教人認命的意味。如果我們接受事物的本然，就不會有改變事物的動力。在我看來，不管對個人還是人類集體，唯有不接受當下的限制，努力突破，創造更美好的環境，才能帶來進步。若非如此，人類大概現在還是住在洞穴裡。我們到底要如何才能在臣服和採取行動之間取得平衡呢？

有些人以為，臣服具有消極的意涵，意味著接受失敗、放棄、經不起生活的挑戰、退縮、怠惰等。然而，真正的臣服與此截然不同。它並不表示你應該消極地忍受發生的一切，無所作為，它也不表示你應該停止制定計畫或採取任何積極行動。

臣服是一種簡單而深邃的智慧，是要人**順著**生命之流，而不要**逆流**而游。你能夠經驗生命之流的唯一時刻就是當下，臣服意味的就是無條件和無保留地接納此時此刻，停止對本然做出內在抗拒，停止好惡評價並擺脫負面情緒。人遇到逆境的時候，特別不容易臣服，因為這時心智所希望的和當下本然會出現巨大的落差，那是一個讓人痛苦不堪的落差。如果你活得夠久，就會知道逆境是人生常有的事。然而，也正是在逆境的時候，人們最需要學會臣服，如此才能化解你的痛苦與哀愁。臣服於本然，可以讓你即時擺脫心智的桎梏，與本體重新連結，抗拒其實就是心智運作的產物。

臣服純然是一種內在狀態，它不表示你不能對外採取任何行動，改變你的處境。事實上，你需要去臣服的不是整個的處境，而只是其中一小個部分，那就是當下。

當你陷入泥淖，你不會對自己說：「好吧，我認命了，讓它困住我吧。」認命並非臣服。你不需要接受不喜歡的人生處境，不需要欺騙自己說，陷在泥淖中沒什麼要緊的。剛好相反，你最需要充分認知到的，就是你想要脫離困境。如此，你將聚焦於當下時刻，不會幫它亂貼標籤，這表示你不會去評斷當下。如此，你將不會對當下有所抗拒，不會產生負面情緒，你會接受當下的本然。在這之後，你就可以採取行動，想辦法讓自己脫離困境。這些行動，我稱之為正面行動，它們要比發自憤怒、絕望和挫折的負面行動有效多了。直到達成目的為止，你應該持續臣服於當下，不去替當下貼上任何標籤。

讓我打個比方，假若你晚上沿著一條路向前走，四周濃霧瀰漫，但你手上卻有一支強力手電筒，它可以穿透濃霧，為你照亮眼前一道狹窄卻清晰的空間。那濃霧就好比是你的人生處境，包含了過去和未來；而手電筒就是你的臨在，清晰的空間就是當下。

不臣服的態度會僵化你的心理形相，換言之是僵化小我的外殼，製造出強烈的人我分離感。如此一來，圍繞在你四周的世界就會看似充滿威脅性，甚至連大自然也都會被你視為敵人，這是因為你對事物的觀點與理解都受到了恐懼所主導。這是一種失調的意識狀態，而我們所謂的迫害妄想症只是這種狀態略為強烈的表現。

抗拒心理不只會僵化人的心理形相，也會僵化生理形相，即身體。它會讓身體各部位緊繃，讓整個身體緊繃。生命能量可否自由流動，原本對身體的健康就極為重要，但它現在受限了。運動和某些生理治療方式可以幫助你舒緩症狀，但除非你平常即厲行臣服，否則任何方法都只是治標，因為症狀的根本原因（即抗拒模式）並未因而解決。

內在有個真實本相是不會受到起伏的人生處境影響的，但只有透過臣服，才可望碰觸到它，它就是你的生命、你的本體，它永恆存在於無時間性的當下領域。耶穌曾這麼說，找著它，你就是找著了「唯一不可少的一件」。

如果你覺得人生處境不如意甚或讓你無法忍耐，那唯一的方法就是臣服於它，如此，你才能掙脫無意識的抗拒模式，也正是這種模式讓這樣的處境得以維持。

臣服與行動是並行不悖的。不過，處於臣服的狀態，一股截然不同的能量、一些截然不同的東西，將灌注到你的行動。臣服可以讓你重新與本體這個能量源頭產生連結，而如果你的行動發自於本體意識，便會轉變為一股讓人歡欣鼓舞的能量，將你帶入更深沈的當下。不去抗拒，你的意識及行動的品質都會無限地倍增，如此，行動所帶來的結果自會反應出行動本身的品質，我們稱這種行動為「出自臣服的行動」（surrendered action），它和我們幾千年來所慣稱的「工作」（work）不同。隨著更多人意識的覺醒，「工作」這個字說不定會自我們的字彙中消失，而一個新的字眼可能會被創造，取而代之。

你會經歷到什麼樣的未來，是取決於你當下的意識品質。所以，若想帶來正面的改變，臣服是相當重要的，採取什麼行動本身反倒次要，沒有任何正面的行動是在不臣服的意識狀態下產生的。

現在我可以理解，為何在一個不如意的處境中，我只要保持臣服，就可以沒有痛苦，就可以超越該處境。但我仍然不明白，如果不是因為我們對現狀有著些許不滿，又怎麼會有動力或動機，起而採取行動加以改變呢？

在臣服的狀態下，你會對於採取何種行動一清一楚，而且採取行動的時候，也會循序漸進，每次都全神貫注。我們應該以自然為師，看看萬物是如何得以成就，看看生命的奇蹟是如何在無怨尤和無不悅的情況中展開的。耶穌說：「你想百合花怎樣長起來；它也不勞苦，也不紡線。」

如果你覺得自己面對的處境是不如意或不愉快的，那你應該做的是，把**此刻**從其中分離出來，臣服於此刻的本然。這等於是打開手電筒讓光線穿透濃霧，如此，你的意識狀態將不再受制於外境，不再因抗拒而採取行動。

接著，你可以仔細觀照處境的各個細節，自問：「有什麼方法可以改變它、改善它，或讓自己抽離開來？」如果有，就採取行動。不要去想未來可以採取的幾百種行動，你只要專注在當下能做的一件事就好。我不是說你不必制定計畫，但要確定你不是在放映「心理電影」，不是在將自己投射到未來。你所採取的行動多數不會立即見效，這之前，請繼續臣服於本然。如果你無法採取行動，或是你的行動未能讓你脫離困境，那你應該反過來利用困境，讓自己更深入於臣服狀態，更深入於當下，更深入於本體。當你深入了無時間的向度，改變往往隨之而來。如果原本是因為憤怒、內疚等內在因素，阻止你採取行動，此時它們都將在你意識之光的照耀下消散不見。

別將臣服與自欺混為一談，臣服不等於「我才不在乎」。如果仔細觀察，你會發現後者其實潛藏著負面情緒和怨懟，它不是臣服，而是一種偽裝的抗拒心理。每當你臣服了，必須轉而專注於內，檢查自己是否還殘留了抗拒心理。此時，你需要高度的警覺，否則，暗藏的抗拒心理說不定會以思維或情緒的形式，繼續隱藏在意識的陰暗角落中。

從心智能量到靈性能量

放下抗拒談何容易，我還是不清楚該如何才能放下抗拒。如果你說的方法是臣服，那我還是要問：該怎麼做？

首先，承認自己仍在抗拒，每當有抗拒心理出現，就對它保持臨在，觀察心智怎樣製造它，怎樣為處境、你自己或他人貼上標籤。細看所涉及的思維過程，感受情緒的能量，當你觀察抗拒，就會知道它毫無用處。全然專注於當下，試著去覺知自己的無意識抗拒心理，如此，它將不復存在。意識清明**與**不快樂，意識清明**與**負面情緒，是不可能並存的，任何形式的負面情緒、不快樂和痛苦都是抗拒的展現，而所有的抗拒總是無意識的。

但我明明可以覺知到自己的不快樂。

你會選擇讓自己不快樂嗎？如果不是你選擇不快樂，那又是誰讓它產生？它的作用何在？是誰讓它保持活力？你說你能夠覺知到自己的不快樂，但事實上，你是認同它的，你是願意讓它透過強迫性思維繼續存在的。這些都是無意識的產物。如果你意識清明，換言之，如果你全然臨於當下，所有負面情緒都將幾乎瞬間消散。唯有你不是處於臨在狀態，它們才有存在的空間。痛苦之身亦是如此，你讓自己持續不快樂，也因此為痛苦之身找到了立足的時間，這就是它所需要的生命之血，沒有了時間，它就會死亡。但你希望它死亡嗎？你真正受夠了嗎？沒有了它，你要怎麼辦？

直到你誠心臣服以前，靈性向度只會是你談論、思考、閱讀、相信的對象（對某些人來說他們則完全不相信這些）。直到你誠心臣服以前，它不會是你生命裡活生生的實相。不過一旦你做到了，此時所散發出的能量頻率，將遠高於心智能量的頻率。今日，心智能量仍支配著世界，這能量創造了文明的社會、政治與經濟結構，並透過教育制度與傳播媒體持續壯大。透過臣服，靈性能量將灌注到這個世界裡，它不會為你、為他人和其他萬物帶來不幸。與心智能量不同的是，它不會污染地球，不會產生二元對立。凡受到心智能量支配的人都將無法覺察到靈性能量的存在，它屬於不同的實相層面，而如果有足夠的人類能夠進入臣服狀態，能夠完全擺脫負面情緒的糾纏，那麼靈性能量將創造出一個不同的世界。如果地球未來沒有走向毀滅，屆時的地球居民都將擁有這樣的能量。

耶穌在其「登山寶訓」中指出了這樣的能量：「溫柔的人有福了，因為他們必承受地土。」它是一種寂靜的臨在，可以瓦解心智的無意識模式。當這種能量充盈內在，各種無意識模式也許還會暫時殘存，卻再也無法擺佈你的生活。透過臣服，曾遭抗拒的外境也可能迅速轉變或瓦解。靈性能量是一種強力轉化劑，帶給人和情境戲劇性的轉化。所以，即使情境無法立即有所改變，接納當下仍然可以讓你超然於上。無論何種情況，你都自由了。

在人際關係中臣服

對那些想利用、擺佈、控制我們的人，難道我們也要臣服嗎？

他們都是與本體失去連結的人，所以不自覺想從你身上攫取能量和力量。但也因為不自覺，所以他們才會被利用和擺佈。如果你反抗或還擊別人的無意識行為，那你也將落入無意識的狀態。臣服並不意味你任由自己被無意識的人們利用，絕對不是，你還是可以向對方清楚而堅定地說「不」，或離開那處境，而且是在沒有任何抗拒心理的狀態下做到的。當你向對方說「不」，請確定這來自你的直覺以及對是非的清楚認知，而非固定的反應模式。你說「不」的時候是不帶任何負面情緒的，所以也不會製造出更多的痛苦。

我對目前的工作現狀很不滿意。我試著去臣服，卻發現做不到，許多的內在抗拒反覆浮現。

如果無法臣服，就馬上採取行動吧。說出你的感受，或採取一些可以改變處境的行動，要不然乾脆離職。對你的生命負責任，不要讓負面情緒污染了地球或本體原有的光芒與美麗，不要讓任何的不快樂在你內在找到容身之處。

如果無法採取行動（比方說你正在坐牢），那你只有兩個選擇：抗拒或臣服。即選擇受外境束縛或不受外境束縛，選擇痛苦或內在和平。

面對外在的行為，我們也不去抗拒嗎？比方說不去抗拒暴力行為？還是說抗拒只與我們的內在生命有關？

你只需關心內在生命那一面，這是很重要的。當然了，一旦內在生命有所轉化，你的外在行為與人際關係同樣也會發生轉化。

你與他人的關係將因臣服而獲得深刻的轉化。如果你不能接受本然，就意味著你無法接納他人的原本樣貌，你會評斷、批評、否定，或甚至試圖改變對方。更甚者，如果你一直視當下為達成未來目標的一個階段，同樣的，你也會視遇到的任何人為達成目標的工具，那麼，人與人之間的關係對你而言便是次要的，甚至毫不重要。對你來說，你能從別人身上得到什麼才是重要的，如物質利益、權力、肉體歡愉，或某種形式的自我滿足。

臣服如何改變我們的人際關係？當你與伴侶或親近的人發生爭論或衝突，首先請觀察當你受到攻擊時，是如何自我防衛的，而當你攻擊別人時，又是如何展開的。觀察自己如何執著於立場和觀點，感受自己好勝背後的能量，那是小我心智所散發的能量。覺察它，進而承認它，盡可能去感受它，如此假以時日，你將能在爭論一半時突然醒悟，自己是可以有所選擇的。接著，說不定你會停止爭論，此時，你就是臣服了。放下爭論並不只是口頭上說：「好，你是對的。」但臉上卻一副「我才不屑跟你爭論」的神情，不是這樣的，那只是把抗拒心理轉移到另一個層次，你仍受到小我的支配，仍然認為自己是高人一等的。我說的臣服，則是說你可以放下掌控這場爭強鬥勝的整個情緒能量場。

小我是很狡猾的，你必須非常警醒、非常臨在，非常誠實地察看自己是否真正拋棄了對某個心智立場的認同，是否真正擺脫了心智的掌控。如果你突然感覺到很輕鬆、很清明，內心充滿平安，那麼你已經真正臣服了。在這之後，觀察看看如果你不再加以抗拒，不再強化彼此之間的能量，那麼對方的心智立場會有什麼改變？你會發現當人們不再認同於心智立場，真正的溝通就會展開。

難道遇到別人暴力相向時，我們也不抵抗嗎？

不去抗拒並不代表什麼都不做，而是指你的「行動」不再是固定的反應模式。東方武術的精義與此相似：別正面抵擋對方的蠻力，要以柔克剛。

不過，如果你處於強烈的臨在狀態，那麼「什麼都不做」便是一帖效力強烈的轉化劑或治療劑。道家所謂的「無為」，就是「無行動性的行動」或「靜坐著不做任何事」。在中國古代，「無為」被認為是最高境界或修為，它與「裹足不前」截然不同，後者是恐懼、惰性或猶豫不決之下的產物。真正的「無為」，意指內在不去抗拒和保持強烈的警覺。

另一方面，如果你臣服於某個處境，卻又必須採取行動，那麼你的行動將不會受制於心智，而是出自於你有意識地臨在。你的心智不再產生任何的想法，甚至那些非暴力的想法也不存在了。所以，誰能預測你將採取什麼行動？

小我相信，抗拒可以展現個人的力量。事實卻恰好相反：抗拒會切斷你與本體的連結，而本體卻是唯一的力量來源。抗拒是由柔弱和恐懼偽裝而成的剛強。小我視為剛強的東西實際上卻是柔弱的。所以，一直活在抗拒模式下的小我，便老是偽裝成某些角色來掩蓋住你的「軟弱」——事實上，軟弱才是你真正擁有的力量。

除非你臣服了，否則無意識的角色扮演遊戲，將成為你人際互動中的一大部分。一旦你臣服了，便不再需要戴上小我偽造的面具，你將變得非常單純、非常真實。「危險！你會受傷。你會變得脆弱。」小我經常這樣提醒我們，它當然不知道，唯有不再抗拒，唯有接納脆弱，才能發現自己本質上是堅不可摧的。

將疾病轉化為開悟

如果有人身染重病卻又全然接納、臣服，那他們會不會失去求生意志？他們還會下定決心打倒疾病嗎？

臣服乃是毫無保留接受事物的本然。我們談論的是你的**生命**（life），即此刻，而不是你的人生處境（life situation）。這我先前已說過了。

疾病是你人生處境的一部分，它有過去和未來。過去和未來是不間斷相連的，除非你能夠保持有意識地臨在，專注於當下，才能汲取到當下的救贖力量。誠如我們說過的，各種人生處境之下，潛藏著更深邃、更本質的東西：你的「生命」，也就是你存在於無時間當下的本體。

當下是不存在煩惱的，所以也無所謂疾病可言。如果你去相信別人為這個處境所貼上的標籤，那它將得以存在，得以強化，變成了一個看似堅固無比的實體。如此一來，你不僅讓這個處境更為真實，更難以突破，還賦予它原來沒有的時間連續性。專注於當下，不幫它亂貼標籤，疾病將只是下面這些徵狀而已：身體疼痛、衰弱、不舒服、行動不便。當下，才是你需要臣服的。你無須臣服於「疾病」這個觀念，任由病痛逼使你進入當下時刻，進入強烈的臨在狀態，將疾病轉化為開悟。

臣服不是去轉化事物的本然，至少不是直接去轉化它。臣服轉化的是你本人，當你被轉化，你的整個世界就會被轉化，因為世界只是意識狀態的反映，關於這點我們先前已經談論過了。

如果你不喜歡自己在鏡子裡的模樣，你會去攻擊鏡中影像嗎？當然不會，因為你知道那是荒謬的。但在現實生活中，我們卻一再這麼做。而且，當然了，如果你攻擊鏡像，它就會反擊；但如果你接納它，無論它是如何，你對它好，它也不能**不**對你好，這就是你改變世界的方法。

疾病不是問題，**你本身**才是問題。只要你還是受到心智支配，你就是個問題。生病或殘障的時候，不要覺得自己無能，不要感到內疚，不要埋怨生命對你不公平，也不要埋怨自己，這些都是抗拒。如果你得了重病，視它為邁向開悟的橋樑。試著如此看待所有發生在你生命裡的「壞事」，讓時間從疾病裡抽離，讓它不帶過去或未來，讓它逼你進入強烈的當下，看看會發生什麼改變。

學習當個煉金術士，學習把鐵煉成金，把痛苦轉化為清明意識，把災難轉化為開悟。

你得了重病嗎？你對於上面所說的感到生氣嗎？那就是一個顯而可見的信號，表示你的「病」已成了你自我感的一部分，而你現在正在保護你的自我，並且在保護你的病。被你稱為「生病」的情境，根本與你是誰的問題完全無關。

當災難來襲時

對於處於無意識狀態的絕大多數人類，唯有面對臨界處境（limit-situation），才有機會打破他們小我的堅硬外殼，迫使他們臣服，從而進入覺醒狀態。所謂的臨界處境指的是，遭遇重大災難、失去摯愛，或當事人的整個世界分崩離析、不復存在任何意義。那是一種與死亡面對面的經驗，無論是生理上的還是心理上的。形塑這個世界的小我崩壞了，從舊世界的灰燼當中，一個新世界於焉產生。

當然，沒人可以保證臨界處境能夠百分百發揮功用，但它就是具有這樣的潛力。有些人，就算面對臨界處境，也還是抗拒著本然，也因此直墜入地獄。有些人則只是稍作臣服，可喜的是，即使如此，還是可以讓人感受到未曾感受過的些許深邃和靜謐。小我的部分外殼會因此出現裂痕，被心智所掩蓋的光芒和平安，將從這些裂縫中透射出來。

臨界處境造就過許多奇蹟。有些等待處決的死囚，臨刑前的幾個小時感受到無我（egoless）的狀態，伴隨而至的則是深深的喜悅和平安。這是因為，他們經歷了無比強烈的痛苦，卻又無處可逃，甚至不能將希望寄託在未來，只好完全接納當前的處境。他們被逼著臣服，因此，得到了恩典（grace），得到了救贖，他們完全擺脫了過去的桎梏。當然了，並非臨界處境本身帶來恩典和救贖的奇蹟，而是他們的臣服。

所以，任何災難來襲時，如生大病、殘廢、失去家園或財產或社會地位、與伴侶分手、摯愛死去或你行將死去，你都該謹記，災難有其另一面意義的，它將讓你與最不可思議的奇蹟只差一步之遙。跨出這一步，鐵就會被煉成金，痛苦就會轉化成平安喜樂，而這一步叫做臣服。

我並不是說，你將在這種處境下感到快樂，你不會的，但你的恐懼和痛苦卻會被轉化為平安和靜謐，它們會從一個非常深的深處升起，會從未顯化狀態升起。聖保羅曾說過，那是一種「超乎一切想像的平安，是上帝所賜的平安。」與之相比，快樂是那麼的膚淺。伴隨著這光芒四射的平安而來的是一種體悟：你是堅不可摧的、永生不死的。這不是一種信念，這是絕對確定的事實，無需外在證據或其他證據來證明。

將苦難轉化為平安

有位古希臘斯多噶哲人聽說兒子意外死亡，神色自若地回答：「人早晚會死。」這就是臣服嗎？如果這是臣服，我可敬謝不敏。在我看來，人在某些處境中表現得泰然自若是違反自然和人性的。

斬斷情根並非臣服。不過，現在的我們是無法得知當時那位斯多噶哲人（譯註：斯多噶派主張安時處順，不以物喜、不以己悲）的內心真實感受。在某些極端狀態下，接納當下幾乎是不可能的，儘管如此，你總會有第二次機會的。

第一個臣服的機會，是在每個當下時刻接納了當下的本然，知道本然是不可改變的，是已然存在的樣貌，你接納了它，然後視情況需要，採取必要的行動。假如你安住於這種接納的狀態，就不會有負面情緒，不會有更多痛苦、更多不悅生起。如此，你將安住於一種沒有抗拒、充滿恩典和光明的狀態，內心沒有任何的掙扎。

如果你做不到，如果你失去了第一次的機會，可能是因為你沒有保持充分的臨在，或是受到無意識抗拒模式的制約，或是那情境太過於極端，讓人無法接受，你會因此製造出某些形式的痛苦。乍看之下，似乎是這樣的處境引發了你的痛苦，其實不是的，是你的抗拒引發了你的痛苦。

現在，你將有第二次臣服的機會。如果你不能接納外在的本然，那就接納**內在**的本然吧。如果不能接受外境，那就接受內境吧。這表示，不要抗拒痛苦，任由它存在。臣服於悲苦、失望、恐懼、孤單，觀察它但不要評斷它、擁抱它。如此，你將看見臣服是如何創造奇蹟，它可以把最深度的痛苦轉化為最深度的平安。這就是你的十字架，讓它帶領你復活與升天。

我不了解人要如何臣服於痛苦。就像你之前所說的，痛苦是不臣服的展現，那我們要如何去臣服於不臣服呢？

姑且先把臣服這個觀念放在一旁。當你深感痛苦，說什麼臣服可能都是徒勞的，都是毫無意義的。當你深感痛苦，你可能只想逃離這一切，而不是臣服於它。你再也不想弄清楚自己目前的感受，這再正常也不過了。但你有地方可逃嗎？沒有。是有些看似可以逃避的方法，但它們全不管用，例如埋首工作、酗酒、吸毒、大發雷霆或壓抑都是逃避的選擇方式，但它們並不能讓你真正擺脫痛苦。痛苦的強烈程度不會因為你壓抑它而有所減少，當你否認自己的情緒痛苦，你所思所做的一切，還有你的人際關係，全都會受到牽扯。你散發出負面的能量，別人將不自覺地接收到。如果他們也處於無意識狀態，說不定還會攻擊你、傷害你。總之，你將因自己處於何種內在狀態，吸引並展現類似的狀態。

然而，任何看似沒有出路的地方，總可以找到它的出口。別迴避痛苦，面對它，充分感受它，但別去**思考**它！必要的話，說出你的痛苦，但不要在腦海裡勾勒出屬於這痛苦的劇本。全然專注於你所感受到的痛苦，而非那些看似引發痛苦的人事物。別讓心智支配你的痛苦，讓你誤以為自己是受害者。為自己抱不平或找人吐苦水，只會讓你深陷痛苦，無法自拔。你是不可能逃避痛苦感受的，唯一的改變契機就是進入它，否則，轉化是不會發生的。全然專注於你的痛苦感受，避免替它貼上標籤。當你深入自己的痛苦感受時，切記要萬分警醒。一開始，對你來說那會是個幽暗、可怕的地方，你會有種想掉頭跑開的衝動。不要對它做什麼，只管注視著它。繼續專注於你的痛苦，繼續感受你的悲傷、恐懼、孤單，讓它們如其所是。保持警醒，保持臨在，讓你整個本體保持臨在，讓你身上的每個細胞保持臨在，如此，你就是將光明帶進黑暗，那就是你的意識之光了。

到了這個階段，你將不再需要擔心臣服與否的問題，你已臣服了。怎麼說？因為全然的專注**就是**全然的接納，也就是全然的臣服。藉由全神貫注，你便是汲取了當下的力量、臨在的力量。屆時沒有任何一絲的抗拒可以繼續留存，臨在將挪走時間，沒有了時間，痛苦或任何負面情緒也將不復存在。

接納痛苦，是一趟通往死亡的旅程。面對深沈的痛苦，讓它如如呈現，全然專注其上，你就是覺知地通往死亡。當你經歷過這樣的死亡，就會知道無所謂死亡的存在，只有小我會死，因此，你將不再恐懼。這就好像有束陽光，它忘了自己是太陽的一部分，誤以為自己必須為生存而戰，必須創造和擁有一個有別於太陽的身分認同。試問，如果這種錯覺消失，不是一種難以置信的解脫嗎！

你想死得輕鬆嗎？你想死得沒有痛苦嗎？那就讓過去的每個時刻逝去吧，讓你的臨在之光，驅散那困在時間牢籠裡的沈重小我吧。

苦路

許多人都是在經歷巨大創痛後才找到上帝的。基督徒所說的「苦路」，似乎就是指這樣的道路。

我所說的正是這條「苦路」（Way of the Cross，譯註：耶穌被押往釘十架地點所走過的路）。

嚴格說來，那些人並非因為痛苦才找到上帝的。有痛苦，意味著有所抗拒。那些人是因為臣服，因為全然接納當下的本然而找到上帝的，而他們之所以臣服，則是受強烈痛苦所驅使。他們已然明瞭，他們的痛苦是自己製造的。

你為何說臣服和找到上帝是同一回事呢？

因為抗拒與心智是密不可分的，放棄抗拒（即臣服），就是不再讓心智當你的主人，不再誤將冒牌貨當成自己。此時，所有的評斷和負面情緒都將消散，一直受心智遮蔽的本體將再度展現。突然間，你會感受到一股莫大的寂靜，一股深不可測的內在和平。在這內在和平裡有的是無比的喜悅，在這喜悅裡有的是愛。而這一切最內在的核心之處，則有著一種神聖、不可測量和不可名狀的東西。

我不稱這個東西為找到上帝，它是你生命的本質，既是你從未失去的，又何來找到呢？「上帝」一詞是如此的局限，它不僅幾千年來被人誤解和濫用，也暗指它是一種在你之外的實體。上帝是本體（Being）本身，而非一種存在（a being）。這裡沒有主客體之分，沒有二元性存在，沒有你與上帝的分別。找到上帝是最自然不過的事。真正讓人驚訝和不解的，並非你**可以**覺知到上帝，而是你**無法**覺知到上帝。你所提到的「苦路」，是通往開悟的傳統道路，而直到最近，它還是唯一的一條路。不要錯失或低估它的效力，它還是行得通的。

苦路是一條完全顛倒常理的路。它意味著，人生中最糟糕的事物，即你的十字架，將因為迫使你臣服，迫使你進入「死亡」，迫使你變得一無所有，迫使你變成上帝（因為上帝也是一無所有的），轉而變為最美好的東西。

目前，對絕大多數無意識的人而言，「苦路」仍是唯一的出路。他們唯有透過更沈重的苦難才會有覺醒的可能。所以，可預期的是，若要人類集體大規模的覺醒，必先遭遇驚天動地的災難。《新約聖經》〈創世記〉對此有所描述，只不過是以晦澀和高度象徵的方式來表達的。這些苦難不是上帝加諸於人的，而是人加諸於自己身上的，它是地球的一種自衛方法，要知道，地球是一個活的、有智慧的有機體，為了保護自己，它必須興起苦難，阻止人類對它的瘋狂毒害。

不過，愈來愈多人的意識已足夠清明，他們不需飽受痛苦才得以開悟。你，說不定就是其中之一。

經由「苦路」進入開悟，意味著被強迫押進天國。在此情況下，人之所以臣服，是因為再也受不了更多的苦。在這之後，痛苦還將會持續一段時間。所謂開悟，指的是選擇放棄對過去和未來的執著，將生命聚焦於當下。這意味著，選擇了安住於臨在狀態而非時間牢籠裡，意味著接納事物的本然。因此，你將不再需要痛苦了。你認為，自己需要多少時間，才可以說出：「我不再製造更多痛苦了。」你認為，自己需要承受多少的痛苦，才可以做出這樣的選擇？如果你認為你需要更多的時間，那麼你將得到更多的時間，以及更多的痛苦。痛苦和時間是無法分割的。

選擇的力量

但有些人看來就是樂在痛苦之中。我有個朋友老是受到丈夫施暴，而她前一任丈夫也是暴力型人物。她為什麼要選擇這樣的男人，她為什麼拒絕離開這樣的處境？為什麼會有那麼多人選擇痛苦？

「選擇」（choose）是一個當紅的「新時代」（New Age）用語，但在此採用這個用語並不恰當。說某個人「選擇」了不和諧的夫妻關係或其他負面處境是有語病的。選擇必然是有意識的，而且是出自於高度清明的意識。沒有這樣的意識，就沒有所謂的選擇。選擇是始於你擺脫心智和它的固定模式的那一刻，始於你臨於當下的那一刻。若未如此，你就仍是無意識的，仍受制於心智，仍被迫依照心智的模式思考、感覺與行事。這就是為何耶穌會說：「父啊！赦免他們；因為他們所做的，他們不曉得。」這與聰明與否無關。許多聰明人和受過高等教育的人，還是無意識的，還是認同於心智的。事實上，一個人若是沒有高度清明的意識，那他愈是聰明和知識淵博，愈有可能陷入不快樂和危險的處境。

你的朋友會嫁給施暴的伴侶，而且不只一次。為什麼會這樣？因為她沒有選擇。心智受到了過去的制約，喜歡重蹈覆轍，複製出熟悉的處境，哪怕是痛苦的，但起碼是它熟悉的。心智總是對已知戀戀不捨，未知對心智來說是危險的，因為它無法掌控，這就是何以心智不喜歡並忽略當下時刻。覺知到當下時刻，不只可以在思緒流裡創造空隙，還可以在過去—未來這連續體中創造空隙。沒有任何新穎和富有創意的事物，不是在這些空隙中產生的，那是個充滿無限可能的清澈空間。

也就是說，你那位朋友因為受到心智制約，所以樂於再度創造出一個她所熟悉的生活模式，而從過去的經驗中，她學到了親密與暴力是密不可分的。又或者，她是根據兒時所建立的心智模式行事，在此模式中，她認為自己是不具價值和活該受罰的。另外，也有可能是，她大半人生都是活在痛苦之身裡，習於四處搜尋痛苦餵養它。她的伴侶也有屬於他自己的無意識模式，剛好與她的互補。當然了，她的處境是她自己製造的，但製造這個處境的自我又是誰或是什麼呢？不過就是過去所形塑出來的一個心理模式，為何要找出是誰或是什麼製造這樣的處境？如果你告訴她，是她自己選擇了這樣的處境，那只會加強她對小我的認同。但她的心理模式就是她自己嗎？她的真我是過去的加總嗎？告訴你的朋友，如何擺脫思維和情緒，做一個臨在的觀察者。告訴她何謂痛苦之身，以及如何擺脫它。教導她覺察內在身體的方法，為她展現何為臨在的意義。一旦她能汲取當下的力量，就能掙脫過去的制約，開始做出選擇。

沒有人會**選擇**失調、衝突與痛苦，沒有人會**選擇**精神錯亂。人之所以如此，純粹是因為當下的臨在不足以瓦解過去的總總，純粹是因為眼前散發的光芒不足以驅散黑暗的籠罩。你不是全然活在當下，不是充分的覺醒，也因此你的生命還持續受到心智的支配。

同樣的，如果你像許多人一樣，不願意原諒自己的父母，認為父母對自己做了不應該做的事或沒做到該做的事。那麼，你等於相信父母是可以有所選擇的，他們可以選擇不一樣的做法，但這只是錯覺，一旦人們受到心智和其產生的固定模式所支配，那麼他們便是認同於心智，那他們還有選擇可言嗎？沒有，他們的自我甚至是不存在的。認同心智是一種嚴重的失調狀態，是一種精神錯亂的表現。幾乎所有的人都為此所苦，只是程度不同而已。一旦你明白了這個道理，就不會再懷恨父母。你怎麼會對生病的人有所懷恨呢？你將悲憫他們。

你是說，沒有人需要為自己所做的事負責？我不喜歡這種說法。

如果你受到心智支配，那你所做的事雖然不是出於己意，卻仍要承受無意識的苦果，仍會繼續製造痛苦。恐懼、衝突、煩惱和痛苦會像重擔一樣壓在你的身上。不過，這些痛苦終將迫使你擺脫無意識狀態。

我想，關於「選擇」的這些解釋也適用於「寬恕」吧，一個人必須意識全然清明並願意臣服，才能真正地寬恕。

「寬恕」一詞使用了兩千多年，但大多數人類對它的了解卻相當狹隘。只要你的自我意識是建基於過去，就不可能真正寬恕自己或他人。相反的，如果你能汲取當下的力量，亦即汲取你原有的力量，真正的寬恕就會出現。過去將不再擁有力量，而你也將深深明白，任何你曾做過或別人曾對你做過的事，絲毫無法減損你光芒四射的內在本質。此時，就連寬恕這個概念都是多餘的了。

我要如何才能到達這種境界？

臣服於當下的本然，充分地臨於當下，讓過去的力量消失於無形。臨在是關鍵，當下是關鍵。

我如何知道自己已經臣服了？

當你不再需要這麼問的時候。

致謝

我要向凱樂（Connie Kellough）致以深深的謝意，她除了給予我愛的支持，還在出版過程費盡心思，讓本書得以誕生於這個世界，與她共事是一大樂事。

我還要感激蘭德（Corea Ladner）和其他給予我空間的人——寫作的空間和可以如如呈現的空間。這是最珍貴的禮物，也間接促成了本書的出版，謝謝你們，溫哥華的布拉德利（Adrienne Bradley）、倫敦的米勒（Margaret Miller）、格拉斯頓伯里（Glastonbury）的弗朗西斯科（Angie Francesco）、門諾帕克（Menlo Park）的理查（Richard）和索薩利托（Sausalito）的弗魯姆金（Rennie Frumkin）。

史帕斯曼（Shirley Spaxman）和凱勒（Howard Kellough）都讀過本書初稿，並提出寶貴意見，在此一併致謝。之後也有許多人讀過手稿，讓它更為周延。感謝登迪威克（Rose Dendewich）為我的手稿所做的排版處理，她的親切和專業讓人動容。

對於我雙親，我要表達我的愛和謝意，沒有他們，便不會有本書。最後，我要感謝我所有靈性導師和我最重要一位上師：生命。

國家圖書館出版品預行編目資料

當下的力量：找回每時每刻的自己／
艾克哈特・托勒（Eckhart Tolle）著；梁永安譯.
北市：橡實文化：大雁文化. 2008.11
面： 公分（藍光系列：BC1004）
譯自：The Power of Now : A Guide To Spiritual Enlightenment

ISBN 978-986-84748-3-3（平裝）

1. 靈修

192.1 97020097

藍光系列 BC1004

當下的力量——找回每時每刻的自己

The Power of Now : A Guide To Spiritual Enlightenment

作者　艾克哈特・托勒（Eckhart Tolle）
譯者　梁永安
特約主編　洪閔慧
美術設計　陳春惠

發行人　蘇拾平
總編輯　周本驥
副總編輯　顏素慧
行銷　郭其彬、王綬晨
出版　橡實文化
大雁文化事業股份有限公司
台北市中正區重慶南路一段121號5樓之10
電話：(02)2311-3678　傳真：(02)2375-5637
E-mail信箱：acorn@andbooks.com.tw
發行　大雁文化事業股份有限公司
台北市中正區重慶南路一段121號5樓之10
24小時傳真服務：(02)2375-5637
讀者服務信箱：andbooks@andbooks.com.tw
劃撥帳號：19983379；戶名：大雁文化事業股份有限公司
印刷　成陽印刷股份有限公司
初版一刷　2008年11月
初版三刷　2008年12月
ISBN：978-986-84748-3-3
定價：280元